U0457229

网络直播操作
入门与实战

范玲 程宏 喻文 编著

中国电力出版社
CHINA ELECTRIC POWER PRESS

内 容 提 要

　　网络直播已经成为日常生活中不可或缺的一部分，为个人创作者和企业提供了前所未有的机会。本教材以实际项目为依托，采用数字化的教学新形态，全面涵盖网络直播的各个方面，从基础概念到高级技巧，从直播间构建到商业变现等。本书共分三部分，共包含十章。第一部分简要介绍网络直播的起源与账号搭建基础。第二部分重点讲解直播间规划与设计、短视频创作、商品展示技巧、直播脚本策划、流量获取方法等内容，深入解析关键操作环节。第三部分通过实际项目解析，加深和提升对网络直播操作的理解和认识。通过理论与实践相结合，学习者可逐步掌握网络直播的关键环节，提升在这个充满潜力的领域中的能力。

　　每章后附有"本章总结、课后作业、思考拓展、课程资源链接"内容，数字化资料包括课件、视频、脚本等。本教材适用于高等职业院校和应用型本科院校的专业教材，同时也是专业设计人员的理想参考用书。

图书在版编目（CIP）数据

网络直播操作入门与实战 / 范玲，程宏，喻文编著.
—北京：中国电力出版社，2024.2
高等职业院校设计学科新形态系列教材
ISBN 978-7-5198-8523-6

Ⅰ.①网… Ⅱ.①范… ②程… ③喻… Ⅲ.①网络营销—高等职业教育—教材 Ⅳ.①F713.365.2

中国国家版本馆 CIP 数据核字（2024）第 006111 号

出版发行：中国电力出版社
地　　址：北京市东城区北京站西街 19 号（邮政编码 100005）
网　　址：http://www.cepp.sgcc.com.cn
责任编辑：王　倩（010-63412607）
责任校对：黄　蓓　常燕昆
书籍设计：王红柳
责任印制：杨晓东

印　　刷：北京瑞禾彩色印刷有限公司
版　　次：2024 年 2 月第一版
印　　次：2024 年 2 月北京第一次印刷
开　　本：787 毫米×1092 毫米　16 开本
印　　张：8.25
字　　数：247 千字
定　　价：58.00 元

高等职业院校设计学科新形态系列教材

上海高等教育学会设计教育专业委员会"十四五"规划教材

丛书编委会

主　　任　赵　坚（上海电子信息职业技术学院校长）

副 主 任　宋　磊（上海工艺美术职业学院校长）

　　　　　范圣玺（中国高等教育学会设计教育专业委员会常务理事）

　　　　　张　展（上海设计之都促进中心理事长）

丛 书 主 编　江　滨（上海高等教育学会设计教育专业委员会副主任、秘书长）

丛书副主编　程　宏（上海电子信息职业技术学院设计与艺术学院教授）

委　　员　唐廷强（上海工艺美术职业学院手工艺学院院长）

　　　　　李光安（上海杉达学院设计学院院长）

　　　　　吕雯俊（上海纺织工业职工大学党委书记）

　　　　　王红江（上海视觉艺术学院设计学院院长）

　　　　　罗　兵（上海商学院设计学院院长）

　　　　　顾　艺（上海工程技术大学国际创意学院院长）

　　　　　李哲虎（上海应用技术大学设计学院院长）

　　　　　代晓蓉（上海音乐学院数字媒体艺术学院副院长）

　　　　　朱方胜（上海立达学院设计学院院长）

　　　　　范希嘉（上海视觉艺术学院学科与学术发展办公室主任）

　　　　　葛洪波（上海建桥学院设计学院院长）

　　　　　张　波（上海出版专科学校系主任，教育部职业教育艺术类教学指导委员会委员）

序一

党的二十大报告对加快实施创新驱动发展战略作出重要部署，强调"坚持面向世界科技前沿、面向经济主战场、面向国家重大需求，面向人民生命健康，加快实现高水平科技自立自强"。

高校作为战略科技力量的聚集地、青年科技创新人才的培养地、区域发展的创新源头和动力引擎，面对新形势、新任务、新要求，高校不断加强与企业间的合作交流，持续加大科技融合、交流共享的力度，形成了鲜明的办学特色，在助推产学研协同等方面取得了良好成效。近年来，职业教育教材建设滞后于职业教育前进的步伐，仍存在重理论轻实践的现象。

与此同时，设计教育正向智慧教育阶段转型，人工智能、互联网、大数据、虚拟现实（AR）等新兴技术越来越多地应用到职业教育中。这些技术为教学提供了更多的工具和资源，使得学习方式更加多样化和个性化。然而，随之而来的教学模式、教师角色等新挑战会越来越多。如何培养创新能力和适应能力的人才成为职业教育需要考虑的问题，职业教育教材如何体现融媒体、智能化、交互性也成为高校老师研究的范畴。

在设计教育的变革中，设计的"边界"是设计界一直在探讨的话题。设计的"边界"在新技术的发展下，变得越来越模糊，重要的不是画地为牢，而是通过对"边界"的描述，寻求设计更多、更大的可能性。打破"边界"感，发展学科交叉对设计教育、教学和教材的发展提出了新的要求。这使具有学科交叉特色的教材呼之欲出，教材变革首当其冲。

基于此，上海高等教育学会设计教育专业委员会组织上海应用类大学和职业类大学的教师们，率先进入了新形态教材的编写试验阶段。他们融入校企合作，打破设计边界，呈现数字化教学，力求为"产教融合、科教融汇"的教育发展趋势助力。不管在当下还是未来，希望这套教材都能在新时代设计教育的人才培养中不断探索，并随艺术教育的时代变革，不断调整与完善。

同济大学长聘教授、博士生导师
全国设计专业学位研究生教育指导委员会秘书长
教育部工业设计专业教学指导委员会委员
教育部本科教学评估专家
中国高等教育学会设计教育专业委员会常务理事
上海高等教育学会设计教育专业委员会主任

2023年10月

序
二

人工智能、大数据、互联网、元宇宙……当今世界的快速变化给设计教育带来了机会和挑战，以及无限的发展可能性。设计教育正在密切围绕着全球化、信息化不断发展，设计教育将更加开放，学科交叉和专业融合的趋势也将更加明显。目前，中国当代设计学科及设计教育体系整体上仍处于自我调整和寻找方向的过程中。就国内外的发展形势而言，如何评价设计教育的影响力，设计教育与社会经济发展的总体匹配关系如何，是设计教育的价值和意义所在。

设计教育的内涵建设在任何时候都是设计教育的重要组成部分。基于不断变化的一线城市的设计实践、设计教学，以及教材市场的优化需求，上海高等教育学会设计教育专业委员会组织上海高校的专家策划了这套设计学科教材，并列为"上海高等教育学会设计教育专业委员会'十四五'规划教材"。

上海高等院校云集，据相关数据统计，目前上海设有设计类专业的院校达60多所，其中应用技术类院校有40多所。面对设计市场和设计教学的快速发展，设计专业的内涵建设需要不断深入，设计学科的教材编写需要与时俱进，需要用前瞻性的教学视野和设计素材构建教材模型，使专业设计教材更具有创新性、规范性、系统性和全面性。

本套教材初次出版计划共30册，后续还将逐步增加，适用于设计领域的主要课程，包括设计基础课程和专业设计课程。专家组针对教材定位、读者对象，策划了专用的结构，分为四大模块：设计理论、设计实践、项目解析、数字化资源。这是一种全新的思路、全新的模式，也是由高校领导、企业骨干，以及教材编写者共同协商，经专家多次论证、协调审核后确定的。教材内容以满足应用型和职业型院校设计类专业的教学特点为目的，整体结构和内容构架按照四大模块的格式与要求来编写。"四大模块"将理论与实践结合，操作性强，兼顾传统专业知识与新技术、新方法，内容丰富全面，教授方式科学新颖。书中结合经典的教学案例和创新性的教学内容，图片案例来自国内外优秀、经典的设计公司实例和学生课程实践中的优秀作品，所选典型案例均经过悉心筛选，对于丰富教学案例具有示范性意义。

　　本套教材的作者是来自上海多所高校设计类专业的骨干教师。上海众多设计院校师资雄厚，使优选优质教师编写优质教材成为可能。这些教师具有丰富的教学与实践经验，上海国际大都市的背景为他们提供了大量的实践机会和丰富且优质的设计案例。同时，他们的学科背景交叉，遍及理工、设计、相关文科等。从包豪斯到乌尔姆到当下中国的院校，设计学作为交叉学科，使得设计的内涵与外延不断拓展。作者团队的背景交叉更符合设计学科的本质要求，也使教材的内容更能达到设计类教材应该具有的艺术与技术兼具的要求。

　　希望这套教材能够丰富我国应用型高校与职业院校的设计教学教材资源，也希望这套书在数字化建设方面的尝试，为广大师生在教材使用中提供更多价值。教材编写中的新尝试可能存在不足，期待同行的批评和帮助，也期待在实践的检验中，不断优化与完善。

丛书主编

2023年10月

前言

在当今数字化时代，网络直播已经融入我们的日常生活，成为不可或缺的一部分。无论是热爱创造的个人，还是寻求商业突破的企业，网络直播都可提供前所未有的机会。它是一个可以与用户实时互动、拓展品牌曝光、创造新商机的平台。

在编写本教材时，我们怀着对知识传播的热忱和责任心。我们深知，尽管网络直播领域充满机遇，但同样需要深厚的知识储备和实践技巧。因此，我们精心打造了这本教材，内容涵盖从网络直播的基础概念到高级技巧，从直播间的构建到内容的制作，从观众互动到商业变现的方方面面。

本教材对网络直播全过程进行了详细剖析，内容包括直播间的规划和设计、短视频的创作、商品展示的技巧、直播脚本的策划、流量获取的方法，以及直播后的复盘和改进等，旨在让读者逐步深入了解这个领域，从而获得综合运用的能力。同时，为了使教材内容贴近市场，书中特地选择了极具代表性的真实案例，使读者更深刻地理解实际网络直播的多样性和无限可能性。

本教材的编写得到了上海大马路商贸中心和海南趣浪文化科技有限公司的鼎力支持。书中采用了这两家公司完成的优秀网络直播项目案例，对于保证教材的"专业性、应用性、前沿性"起到了极为重要的作用。

本教材的顺利出版，要衷心感谢中国电力出版社和上海电子信息职业技术学院的大力支持，以及所有参与本书编写的专家学者和编辑团队的辛勤付出。我们希望本书能够为您的网络直播之路提供有力引导，让您在这个充满激情和挑战的领域中，取得更加卓越的成就。

然而，相对于行业市场的快速变化，教材难免存在滞后，也受限于编写者的知识水平，因此，我们真诚地欢迎您的批评和指正，以便激励我们不断进步。

编者

2023年12月

目
录

设计理论

第一部分

第一章　网络直播概述

第一节　网络直播电商的起源

　　严格来说，网络直播并非一个新鲜事物，早年间互联网行业中就曾出现过"千播大战"，只不过当时行业对直播的理解还处于秀场化的才艺展示。例如，秀场直播、游戏直播、吃播等，并未深入每个人的日常生活，因此直播长期未突破现有观众群体，直到网络直播电商的出现。

　　网络直播电商的起源可以追溯到2016年左右，至今，网络直播电商经历了初创期、发展期、成熟期、爆发期等过程。起初，国内的一些直播平台尝试将电商与网络直播结合，打造网络直播电商模式。最早探索网络直播电商模式的是淘宝直播，淘宝在2016年推出了"淘宝直播带货"服务，让一些知名的网络红人通过直播平台展示商品，向观众进行销售。这种直播带货的方式受到了广泛的欢迎，一些直播达人通过直播带货赚取了大量的佣金。

　　之后，一些专业的网络直播电商平台，如拼多多、淘宝直播、快手等开始崛起。他们通过优化网络直播和购物体验，提供更多的互动功能和购物红包等活动，吸引了越来越多的用户和商家入驻。

　　大量普通人进入电商直播行业，他们有些是误打误撞，有些则是被逼无奈；有些如今已经在网络直播行业中获得认可，有些则在受挫后黯然退场。如果说2012年公众号的问世拉开了全民自媒体的浪潮，那么多年以后我们回顾当下，或许能够发现淘宝直播的诞生，不仅再一次掀起了中国互联网的自媒体创业浪潮，甚至深刻影响了中国商业模式的发展走向。

　　网络直播电商的成功之处在于网络直播平台能够提供更为真实、直观的产品展示和销售方式，同时也能够带给用户更好的购物体验。对于商家来说，网络直播电商不仅可以帮助他们打造品牌，提高销售额，还能够提高用户的黏性和忠诚度。因此，网络直播电商模式成为一种广受欢迎的商业形式，也为整个电商行业注入了新的发展动力。

第二节　网络直播的发展史

　　网络直播的发展史可以追溯到20世纪90年代，当时美国的一些音乐家

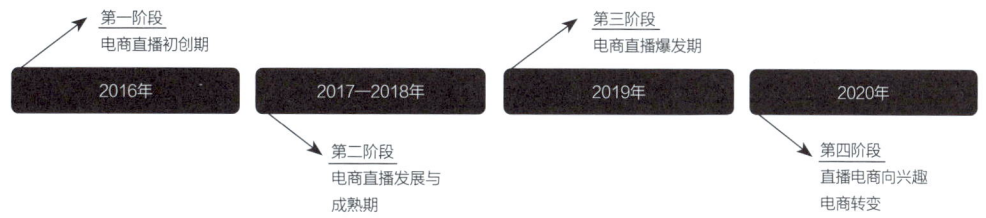

图1-1　网络电商直播发展阶段

和艺术家开始利用互联网进行在线直播表演。然而，由于网络带宽和技术限制，直播在当时还没有得到广泛的普及和应用。

随着互联网和移动互联网的发展，网络直播逐渐开始流行。在2010年代初，一些国内外视频网站和社交媒体开始推出直播功能，让用户可以通过网络直播自己的生活和活动。这些平台包括：油管（You Tube）、脸书（Facebook）等。

2015年，国内互联网公司开始进入直播领域，如斗鱼、熊猫直播、虎牙等，他们通过专业的网络直播平台和主播培训，打造了一批受欢迎的主播，吸引了大量的用户和资本的关注。这些网络直播平台通过与电商、游戏等行业的合作，实现了商业化变现。

2016年，网络直播行业进一步发展，网络直播领域的龙头企业斗鱼和熊猫直播先后登陆美股。同年，淘宝、微信公众号和微信小程序推出了网络直播功能，为用户提供了更便捷的直播体验，就此，网络电商直播进入大众视野（图1-1）。

2017年，网络直播行业进一步分化，出现了众多的垂直领域直播平台，如美妆直播、二手车直播等，同时也出现了一些跨界网络直播平台，如映客、花椒直播等。

2020年，网络直播行业得到了进一步的推动和发展，成为一种重要的线上社交和商业活动形式。各行各业都开始利用网络直播平台进行营销和推广。同时，网络直播行业也在技术和监管方面迎来了更高的要求和挑战。

第三节　网络直播电商业态为新零售赋能

网络直播电商与以往的直播不同，它打破了网络直播行业以秀场为主的模式，更多地与电商和新零售联合在一起，形成了完整的商业模式。

网络直播电商是一种在线销售模式，以互联网平台为载体，通过直播形式将社交、电商、产品展示和销售结合，消费者通过观看网络直播了解产品信息并进行购买。新零售则是指将线上线下销售渠道和服务融合，为消费者提供更便捷、个性化的购物体验。因此，网络电商直播实现了从传统销售转变为新零售，实现了品牌知名度和产品销量的双提升，培养出用户全新的购买习惯。

在网络直播的引领下，电商已经发生了翻天覆地的变化。电商发展经历了四个阶段，如图1-2所示。

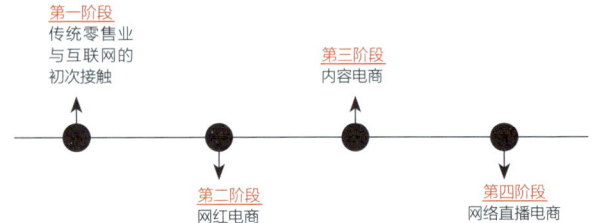

图1-2　电商发展阶段

第一阶段：传统零售业与互联网的初次接触

用户对电商概念的认知程度不高，一般认为淘宝、京东等平台就是电商平台，这些平台的流量就是电商流量。

第二阶段：网红电商

网红电商是以淘宝、微博为代表的一种新兴电商形式，它是通过网红的个人形象和口碑来推荐和销售产品。

第三阶段：内容电商

随着2017年短视频的兴起，抖音、快手等平台受到众多用户的青睐，越来越多的商家与品牌基于流量的需求和品牌诉求，纷纷加入短视频平台的布局中，以电商内容为特色的电商阶段正式来临。

第四阶段：网络直播电商

网络直播电商是当下最为火爆的带货方式，"网络直播+电商"的营销模式，宣告了直播电商时代的到来。

网络直播电商为新零售赋能主要体现在以下几个方面。

（1）丰富的产品展示：网络直播电商可以通过主播的讲解和演示，让消费者更直观地了解产品的外观、特点、使用方法等，增强了产品的陈列效果，提高了消费者的购买欲望。

（2）实时互动：网络直播电商中的实时互动功能，使得消费者能够与主播和其他观众进行即时交流，提高了消费者的参与度和信任度，增加了购买的决策依据。

（3）多渠道的购买方式：通过网络直播电商，消费者可以直接在直播平台上完成购买，也可以通过其他电商平台、线下实体店等多种渠道进行购买，提高了购买的便利性和灵活性。

（4）数据驱动的运营：网络直播电商平台可以通过对消费者的行为数据进行分析，精准把握消费者的需求和喜好偏好，针对性地推出产品和营销策略，提高了运营的效率和精度。

综上所述，网络直播电商业态的出现，使得线上线下销售渠道更加融合，为新零售赋能，提供了更加多元化、个性化的购物体验，是电商行业的一种重要发展趋势。

第四节　网络直播团队搭建的要素

网络直播团队搭建是指建立一个专门负责直播业务的团队，该团队需要由多个角色组成，每个角色需要具备不同的技能和能力，共同推动直播业务的发展和运营。下面将从组织架构、人员配备、网络直播技能方面介绍直播团队搭建的要素。

1. 组织架构

直播团队的组织架构应该根据企业规模和业务需求而定，一般可分为以下几个层次。

（1）领导层：负责直播业务的决策和战略规划，包括总经理、业务主管等。

（2）运营层：负责直播业务的日常运营和管理，包括运营经理、运营专员等。

（3）内容层：负责直播内容的策划和制作，包括内容经理、内容策划师、主持人等。

（4）技术层：负责直播技术的开发和维护，包括技术经理、前端开发工程师、后端开发工程师、测试工程师等。

（5）市场层：负责直播业务的市场推广和用户增长，包括市场经理、市场专员等。

2. 人员配备

（1）领导层：需要具备丰富的直播行业经验和良好的管理能力，能够制定切实可行的业务战略和决策，推动直播业务的快速发展。

（2）运营层：需要具备优秀的团队协作能力和项目管理经验，能够有效协调各个部门的工作，保证直播业务的高效运营。

（3）内容层：需要具备良好的创意思维和娴熟的表达能力，能够根据用户需求和市场趋势制定具有吸引力的直播内容，吸引更多的用户观看和参与。

（4）技术层：需要具备扎实的技术功底和丰富的开发经验，能够开发和维护高效稳定的直播技术平台，确保直播业务的正常运行和用户体验。

（5）市场层：需要具备敏锐的市场洞察力和优秀的营销策划能力，能够通过各种市场渠道和手段，推广直播业务，吸引更多的用户参与和消费。

3. 网络直播技能

网络直播技能是指在直播过程中所需要的技能和能力，包括主持、表演、技术、营销等方面的技能。

（1）主持技能：主持是直播过程中最核心的技能之一，主持人需要具备良好的沟通和互动能力，能够自然流畅地引导节目进程，保持节目的活跃和互动效果。主持人需要具备流利的语言表达能力和清晰的发音，能够自如地应对突发状况和意外情况。

（2）表演技能：在一些娱乐类直播中，表演技能尤为重要，包括歌唱、舞蹈、演讲等方面的表演技能。表演者需要具备高超的技艺和专业的演出水平，能够吸引观众的眼球，保持节目的吸引力和娱乐性。

（3）技术技能：直播过程中，需要掌握一定的技术技能，包括摄影、剪辑、音效等方面的技能。摄影人员需要具备熟练的摄影技巧和精通不同的拍摄设备，能够掌握好节目画面的构图和视觉效果；剪辑人员需要熟练掌握不同的剪辑软件和技术，能够将不同的画面、音乐、效果等元素有机地融合在一起，制作出高质量的节目。

（4）营销技能：直播过程中，需要具备一定的营销技能，包括宣传、推广、销售等方面的技能。推广人员需要了解市场需求和用户喜好，制定出一套行之有效的推广方案，吸引更多的用户观看和参与；销售人员需要熟练掌握销售技巧和沟通技巧，能够与用户进行良好的互动和交流，提高销售转化率和用户忠诚度。

（5）社交技能：直播过程中，需要具备一定的社交技能，包括网络社交、情感沟通、人际交往等方面的技能。主持人和表演者需要与观众进行互动和交流，提高用户参与度和忠诚度，同时也需要具备情感沟通能力，能够与观众建立良好的情感连接，增强用户黏性和忠诚度。

本章总结

通过本章节的讲解，掌握网络直播电商的起源与发展，认识到它为新零售带来了多元化和个性化的购物体验。同时，了解搭建成功直播团队的关键注意事项，这将有助于提升直播业务的效率与质量。

课后作业

你认为网络直播电商为新零售带来哪些优势？请举例。

思考拓展

在网络直播电商快速发展的背后，也面临着一些挑战和问题。其中，如何保障直播内容的真实性和产品质量，以及如何在激烈的竞争中脱颖而出，成为网络直播电商需要深入思考的问题。此外，随着技术的进步和消费者需求的变化，未来网络直播电商可能会出现更多新的形式和发展方向。为了保持竞争力，网络直播电商需要持续创新，挖掘新的商业模式，并适应不断变化的市场环境。

课程资源链接

课件

第二章 账号运营基础

第一节 爆款标题与封面

　　账号标题和直播间标题是用户搜索的关键。想要快速占据搜索前列，增加账号的关注率，需要注意以下几点。

　　（1）头像和用户名应与所从事的类目相关，让人一目了然知道你所从事的领域。例如，某某品牌号、吃货某某等明确的类目标签。

　　（2）在个人简介中突出自己的价值，引导用户关注。例如，可以写上"福利官，为大家搜罗全球好货"这样的文字描述。

　　（3）在个人简介中注明定期开播的时间，吸引粉丝的日常关注。

　　（4）利用搜索功能找到当前平台上的热门话题，了解哪些内容或话题吸引了大量观众的注意力。通过关注热门挑战、流行音乐、梗或社交趋势，从中寻找灵感。同时，可以选择与众不同的主题和封面，注重独特性和创新性。

第二节 直播预告的发布

　　直播预告是重要的流量引流方式，它可以在个人主页和短视频渠道上同时发布。预热短视频的内容应与活动主题密切相关，以传达活动或直播的利益点。以下是发布预热短视频时需要注意的几点。

　　（1）产品展示与使用场景类视频形式，主要用来直观展示产品的包装、内容物及实际使用情况，例如，产品开箱、试用或展示非常规使用方式。通过这样的视频，能够传递产品的差异化信息，让观众更容易建立对产品的信任感。

　　（2）微情景剧类视频，主要以痛点为开场，采用情景剧的形式，通过剧情来伪装广告，并在合适的时机植入产品，以达到"种草"的效果。通过微情景剧类视频，能够更好地讲述产品的利益点，吸引观众的情感共鸣，增加他们对产品的兴趣和购买欲望。这种形式尤其适合将产品和广告内容融合在一起，提升广告的传播效果。

　　（3）个人主页设置直播提醒，需要填写直播的具体信息，包括直播名称、直播时间和直播内容。在账号主页设置提醒时，确保提供完整的直播

图2-1　主页设置直播提醒

信息，这样粉丝和观众就能准确地知道直播的时间和内容，以便及时参与和观看直播，如图2-1所示。

第三节　封面图与标题热词查找

一、视频封面图

为了使主页看起来整洁、美观，并具有良好的视觉效果，我们需要在设计封面时，选择视频内优质的画面作为封面，并根据视频风格和栏目性质进行专属封面的设计。这样不仅能吸引观众的注意力，还能展现品牌的专业性和用心，从而在受众心中赢得额外的好感。

对于抖音视频来说，因为它是以竖屏形式展示，因此，视频比例为9∶16，实际尺寸是1080×1920像素。然而，在实际展示过程中，由于不同手机型号的分辨率问题，会导致顶部和底部有部分内容被裁剪掉，因此实际显示的尺寸通常是1080×1464像素。特别是在全面屏手机观看9∶16视频时，左右两侧还会缺失约3.75%的内容。为了优化全面屏观看的体验，建议除了顶部和底部需要留白之外，左右两侧也需要留出部分空白。

以抖音、快手直播间封面为例，其直播间封面比例为1∶1，为了避免出现黑边，常见的分辨率是800×800像素。如图2-2所示，在

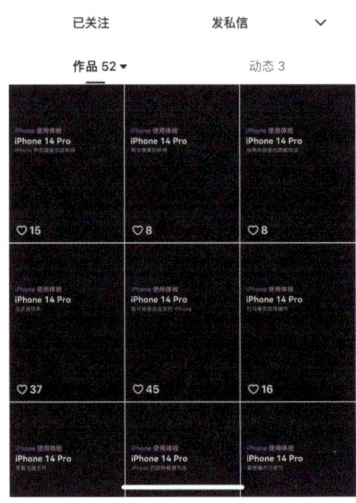

图2-2　直播间封面

设计视频封面时，可以将主角和账号形象词统一风格，以传达主角与标签之间的潜意识联系。同时，为确保主角形象与账号风格统一，需要注意画面风格和色调也需要保持一致，避免给人突兀的感觉。

二、标题热词的查找

热词就是常说的关键词，对于用户查找他们所需内容是至关重要的。它可以反映视频或直播是否有话题性，而这将有助于吸引更多的观众观看。此外，关键词还具有相关性和权威性，因此使用不恰当的关键词可能被视作弊或不当宣传行为。除了要考虑标题、描述和标签之外，还要注意关键词和短语的使用，确保每个词语都与特定的词组相关联。另外，还需要考虑视频本身的主题。

热词通常是指当下社会和平台的热点话题，例如，母亲节、淄博烧烤、进博赶烤等。这些词语在一段时间内成为平台的热词，代表着流量的来源。以抖音为例，查找热词非常简单，只需在抖音首页点击右上角放大镜图标，就能看到当前的抖音热词，如图2-3所示。

图2-3　抖音热词

第四节　开播时段的选择

开播时段的选择是直播流量好坏的关键因素之一。开播时段的获取方式一般为三种。

（1）参考竞品直播时段：观察竞争对手的直播时间，了解他们获得有效客源的时间段。这是一种直接获取有效客源方法，通过抢占竞争对手的流量来吸引观众。

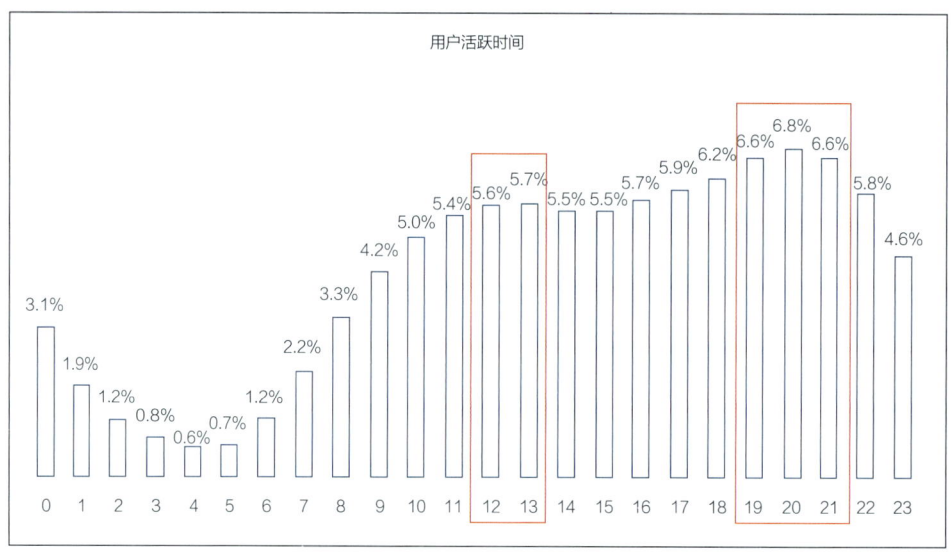

图2-4 用户活跃时间

（2）平台用户最活跃时间段：以抖音为例，从用户24小时使用抖音的时间数据中可以发现午间和晚间是用户高频使用的时间段，如图2-4所示。这段时间是用户的休息时间，他们有较多碎片时间可用。抖音的运营策略可能导致用户在即点即看中逐渐被吸引，将碎片时间转化为长时间的使用。

许多用户都会利用碎片时间来刷短视频，其中比较具有代表性的时间是中午12点和晚上8点。另外，上午7点和下午6点是用户活跃度明显上升的时间点。通过观察这些时间点，我们可以发现，大部分用户将抖音视为打发时间或放松心情的工具，因为只需要15秒就能看完一条短视频。

（3）分析自身观众行为：根据自身粉丝群体特征和行为习惯，分析他们在线活跃时间。可以通过以往的直播数据、用户互动和观众留言等方式进行了解。如果你已经拥有一定数量的忠实粉丝，可以向粉丝进行调查或提问，从而了解他们的观看时段。选择正确的直播开播时段，可以获得更多的观众和流量。

本章总结

通过本章节的讲解，能掌握标题与封面的设计，发布直播预告，设计封面图，并选择合适的关键词和开播时段。这些技巧将帮助我们吸引更多的观众和流量，提升直播效果，提高账号的知名度和关注度。

课后作业

标题与封面设计

根据本章节的内容，选择一个自己感兴趣或擅长的领域，设计一个吸引人的直播标题和封面，以提高账号的辨识度和关注率。确保标题能够准确传达直播内容，封面图与主题相关且具有独特性和创新性。

思考拓展

　　在直播内容制作和推广过程中，不仅要关注标题、封面和关键词等方面，还需要注意直播内容的质量和互动体验。为了持续吸引观众，可以探索更多的创意和互动形式，如互动抽奖、观众提问环节等，以增加观众参与感和留存率。同时，也要密切关注观众的反馈和数据分析，不断优化直播内容和推广策略，提升直播的效果和影响力。

课程资源链接

课件

第二部分

设计实践

第三章　开播准备

第一节　直播前心态的建立

作为一个毫无直播经验的新手，第一次的直播可能会让你感到紧张。很多人认为直播只需要网络和手机，但实际情况往往并非如此。直播是一个多部门协同合作的过程，在踏入直播之前，你需要做充足的准备。

首先，要确认自己的设备和网络是可靠的，并进行事前测试。为直播准备所需的材料，如演示文稿、笔记、话题清单等，以确保在直播过程中不会迷失方向。其次，在进入正式直播前进行深呼吸或冥想，让自己冷静下来，放松身心，准备好进入直播状态。相信自己的能力和知识储备，无论面对新观众还是老观众，要坚信自己能够为他们提供有价值的内容。同时，接受可能出现的问题或错误，并预先准备解决方案。无论是技术问题还是口误，准备好应对措施会让你更有信心。

保持积极态度。即使出现挫折或失误，也要努力保持乐观、自信和专注。同时，做好与观众互动的准备，可以通过回答问题、参与讨论等方式来与观众互动。这样可以增加观众的参与度，让直播更具互动性。

充分的准备、自信的表现和积极的态度是直播成功的关键。通过这些准备，你将更好地应对直播过程中的挑战，并为观众带来优质的直播体验。

第二节　对标账号分析

在直播前，首先需要筛选适合的对标账号，并记录每个账号的基本信息，包括粉丝数量、视频形式、粉丝画像和变现方式。分析可以从六个维度展开：个人介绍、封面和标题、前三秒内容、画面和镜头形式、发布时间及个人风格。

首先分析账号昵称、头像和简介，它们直接展示账号的价值点、过往成绩和背书，为用户带来信赖感。其次，关注视频的封面和标题，它们决定用户是否会对你制作的内容即刻产生兴趣，清晰的封面、简洁的标题，可以吸引用户点击观看。前三秒的内容至关重要，直接影响视频的完播率。你可以通过学习对标账号的爆款内容，了解其前三秒的设计，从而吸引观众继续观看。

在画面和镜头形式方面，根据视频形式选择横屏或竖屏，并采用不同的画面形式（远景、中景、近景、特写等），以丰富视频内容，提升观赏体验。

发布时间常常是被忽视的细节，但它与粉丝受众息息相关。最简单的方法是观察与粉丝画像相近的对标账号发布时间，并在初期跟随其发布时间，以获得更多曝光和互动机会。

个人风格主要通过视觉和声音的元素打造独特的记忆点，如统一的背景或封面，每次视频开头和结尾需要有自己专属语言，形成标志。

制作自己的视频后，定期进行复盘，分析各项数据。通过数据发现优点和改进空间，只有持续复盘才能成功经营好视频账号。

无论是新人还是有经验的创作者，为了适应新平台环境和行业竞争，都需要下工夫寻找对标账号进行分析，并从中不断学习，更好地了解平台生态、市场环境和用户关注的内容。

第三节　网络直播平台规则

以抖音电商为例，我们可以将抖音比喻为一个游戏，而算法则是这个游戏的规则。这套规则适用于平台上的所有用户，不论是内容创作者（商家）还是内容消费者（用户），算法的目的在于建立一个可持续循环的良性生态。想要在平台上成功从事电商，唯有理解这个游戏的规则，才能利用规则顺势而为。因此，掌握平台算法逻辑是玩好这场游戏最基本、最重要的事情。

一、权重决定推流的"量"

在抖音电商中，权重决定了推流的数量和流量。权重是指某一因素或指标相对于某一事物的重要程度。它不仅仅表示某一因素或指标所占的百分比，更强调了因素或指标的相对重要程度和贡献度。权重通常通过划分多个层次指标进行判断和计算。

简单来说，权重是系统对每个账号评价后的结果，它是通过综合数据来衡量的。账号评级越高，代表权重越高，从而可以获得更多的流量。在抖音电商中，权重主要分为基础权重和实时排名权重。这两种权重共同影响着账号在平台上的推流和曝光量，如图3-1所示。

1. 基础权重

基础权重是抖音电商对每个账号进行评估的指标。正如前文所述，权重对每个账号来说都是不同的。系统会根据账号的综合表现在一定周期内确定权重等级，这个等级并不是固定的，而是遵循优胜劣汰的原则，不进则退。例如，账号A与账号B，账号A在开播时有千人观众，而账号B只有百人观众，很明显这两个账号的观众规模不在同一个级别上。这说明账号的基础权重决定了开播时的推流量。

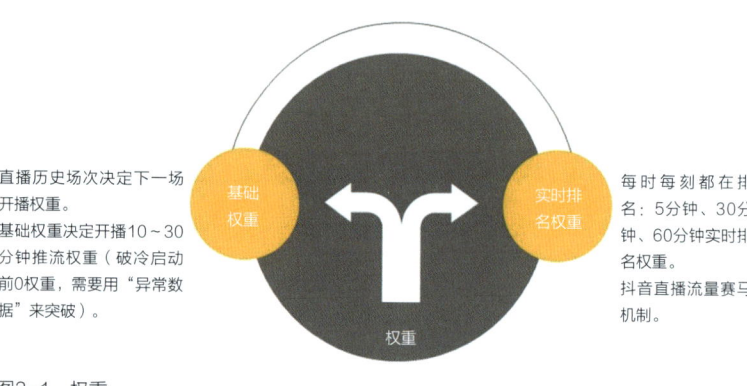

直播历史场次决定下一场开播权重。

基础权重决定开播10～30分钟推流权重（破冷启动前0权重，需要用"异常数据"来突破）。

每时每刻都在排名：5分钟、30分钟、60分钟实时排名权重。

抖音直播流量赛马机制。

权重

图3-1 权重

基础权重大致可以分为以下几个层级：E级（冷起动期，百人场观）、D级（千人场观）、C级（万人场观）、B级（十万左右场观）、A级（几十万场观）、S级（百万场观）。这些层级代表了账号在推流时的观众规模，如图3-2所示。

2. 实时排名权重

在讨论直播流量分发机制时，我们不能忽视每个账号都具有基础权重的事实。直播的推流量级由权重等级决定，但直播间就像一座蓄水池，如果没有新的流量涌入，直播间很快就会无人问津。那么，后续的流量是如何分发的呢？抖音采用了实时赛马机制，也就是当你开播并获得一波推流之后，如果你希望获得更多的流量，就需要与同层级的竞争对手进行PK。

系统每时每刻都在进行排名，包括5分钟、30分钟、60分钟等时间段。抖音直播通过持续进行赛马机制，筛选出优质的直播间，并将更多的流量分配给这些优质直播间。如图3-3所示，我们可以清晰地看到赛马机制的逻辑。

这一机制的运作可以激励主播们竞争，同时鼓励主播们提供更高质量

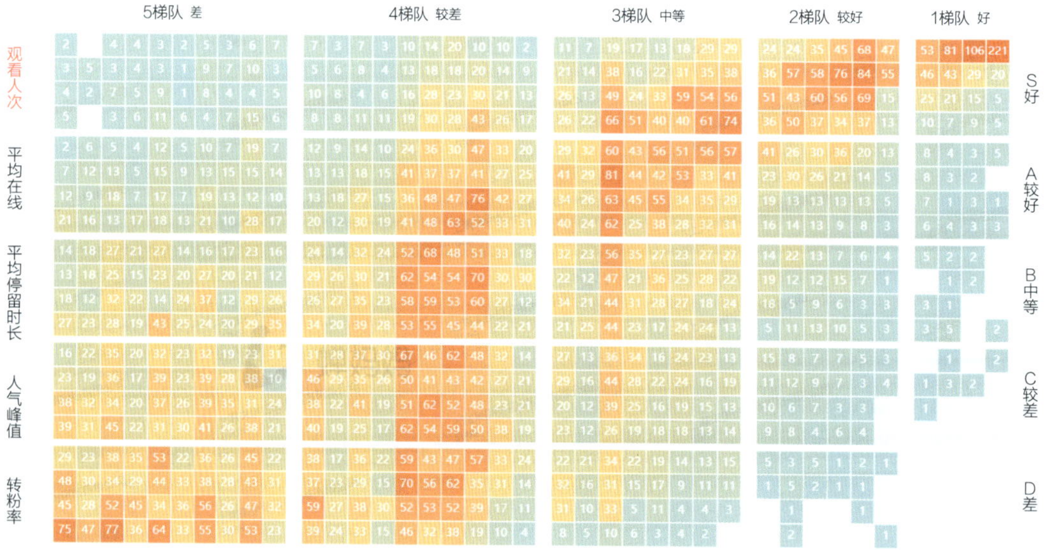

左侧纵轴：观看人次、平均在线、平均停留时长、人气峰值、转粉率

顶部：5梯队 差　4梯队 较差　3梯队 中等　2梯队 较好　1梯队 好

右侧：S 好　A 较好　B 中等　C 较差　D 差

图3-2 实时权重

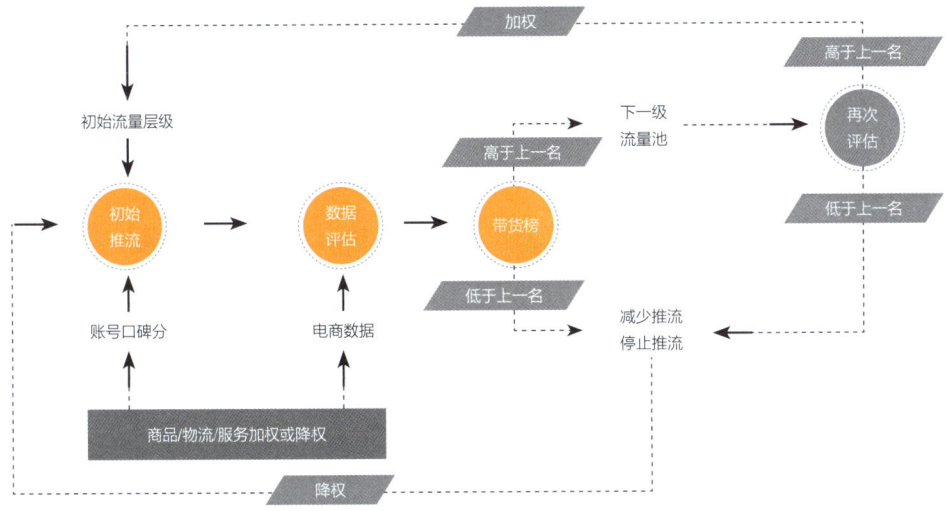

图3-3 推流逻辑

的内容。通过持续的PK竞争，直播间能够吸引更多的观众和流量，从而获得更大的曝光机会。这也促使主播们在直播过程中保持活跃、创新，从而吸引更多的关注和支持。

　　总的来说，抖音的直播流量分发机制基于实时赛马的概念，通过排名和竞争，为优质直播间提供更多的流量和机会。这一机制鼓励主播们提供高质量的内容，并增加他们在抖音平台上的曝光和发展机会。对于那些积极参与、与同层级竞争的主播来说，他们将有更大的机会吸引更多的观众和粉丝，实现直播的成功和增长。

　　（1）初始推流阶段：指开播初期，流量层级取决于账号的基础权重。基础权重越高，初始推流获得的流量就越大。此外，口碑评分也会对推流产生影响，口碑评分越好，推流的机会就越多。

　　（2）数据评估：在初始推流后，系统会通过数据评估直播间在每一个5分钟、30分钟和60分钟的表现情况，主要考核互动数据和电商数据。这些数据评估会影响后续的实时排名。

　　（3）带货榜表现：在实时排名阶段，系统会对直播间进行排序，并与同层级的竞争对手进行PK。如果你的表现高于上一名，就会进入下一级流量池，得到新的一波推流。然后再次进行数据评估。但如果你的表现低于下一名，则会减少推流甚至停止推流，有可能回到初始流量层级。

　　根据这样的机制，实时排名不断进行，形成优胜劣汰的竞争格局。因此，只有在策划和执行直播的每一个细节上做得出色，才有可能与竞争对手PK并获得更多的免费流量。通过了解并适应这一流量分发机制，内容创作者（商家）可以在抖音电商平台上取得更好的表现，获得更多的曝光和机会，实现电商目标的成功。

二、标签决定推流的"质"

　　首先，我们要关注的重要概念是"标签"。在抖音平台上，标签是用于识别用户身份的符号，系统会为每个用户赋予相应的标签，以便算法向他们推荐更加精准的内容。同样，作为创作者，我们也会被系统打上标签，这些标签将影响算法将我们推荐给适合的目标用户。在抖音平台上，标签主要可以分为以下三类：人群标签、短视频标签、直播间标签，如图3-4所示。

（1）人群标签：人群标签由基础属性标签和行为兴趣标签组成。基础属性标签是根据用户的注册信息，如性别、年龄、地域等形成的，用于组合形成人群包。例如一线城市18～25岁女性。除此之外，系统还根据用户在抖音上的行为轨迹给予特定的标签。例如，当用户点赞了一个母婴类的视频，系统会认为该用户对母婴相关内容感兴趣，并给予兴趣标签。相比兴趣标签，行为标签更加精准。当用户在母婴直播间观看并完成购物时，系统会将其标记为母婴购物人群。

（2）短视频标签：短视频标签是根据短视频的观看情况、点赞、评论及视频内容本身进行打标签的机制。系统根据有效观看人群、点赞人群、评论人群及视频本身的特征给视频打上标签，以便将其分发给更多潜在的兴趣用户。

（3）直播间标签：直播间标签包括内容标签和电商标签。内容标签类似于用户行为兴趣标签，但针对的是创作者的直播间。系统根据用户在直播间的观看、停留、评论、点赞、转粉等行为数据判断对直播间感兴趣的人群，并为直播间打上相应的内容标签。此外，还有电商标签。当用户在直播间进行购物车点击、商品浏览、下单成功等电商行为时，系统会给直播间打上电商精准标签，以便后续根据标签推荐或扩展相似人群。

这些标签在抖音平台中起到关键作用，通过标签的精准识别和应用，算法能更准确地向用户推荐内容，提高用户体验，同时也为创作者提供更好的推广机会，使短视频内容和直播能够更有效地触达目标受众。

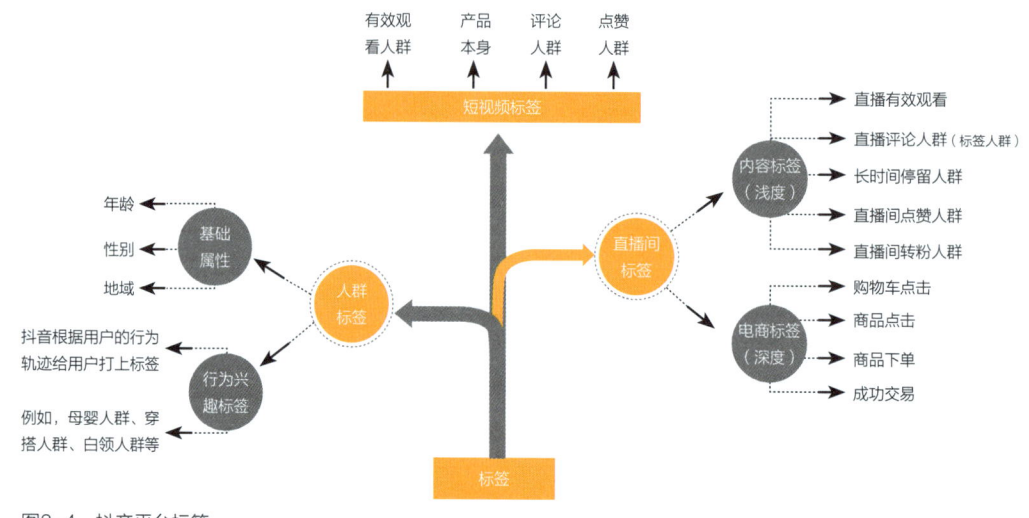

图3-4　抖音平台标签

三、标签与权重之间的关系

在理解了标签后，我们来看一下标签与权重之间的关系。标签分为基础权重下的标签和实时标签，它们与权重密不可分，如图3-5所示。

1. 基础权重

基础权重决定了系统推流的量，它与标签之间有密切的关系。基础权重是由兴趣标签和电商标签共同形成的。对直播间打上兴趣标签，只需要通过直播间的人货场设计、脚本策划，吸引目标用户进行观看、停留、互动、转粉即可打上标签。电商标签则需要基于历史电商订单的累积，一开始就做好一段时间周期内的高密度成交，为账号打上精准电商标签，标识其属于基础电商人群。

2. 实时标签

实时流量形成实时标签。在每一场直播中，我们需要通过精准的产品策划和付费流量来不断深化账号标签。平台会实时探索互动和成交人群，推流模型也会变得越来越精准。

基础权重和实时标签在抖音电商中扮演着关键的角色。基础权重决定了账号的初始推流量和流量层级，而实时标签则根据每次直播的互动和成交数据实时更新，进一步影响着账号在后续推流中的流量分发。理解这两者之间的关系，并针对性地进行产品策划和流量运营，是提高直播间曝光和流量的重要策略。

四、各项关键数据指标

在落实到实际操作时，除了了解权重和标签，还需要关注具体的数据指标。平台的风向一直在不断调整，下面是一些关键性的核心指标。

首先，我们需要了解直播间的流量来源，主要分为自然流量、付费流量和免费流量。

（1）自然流量：无需额外付费的流量，包括粉丝流量、视频推荐、直播推荐等。这些流量是通过粉丝的主动关注，以及抖音后台算法系统向平台用户推送而获得的流量。

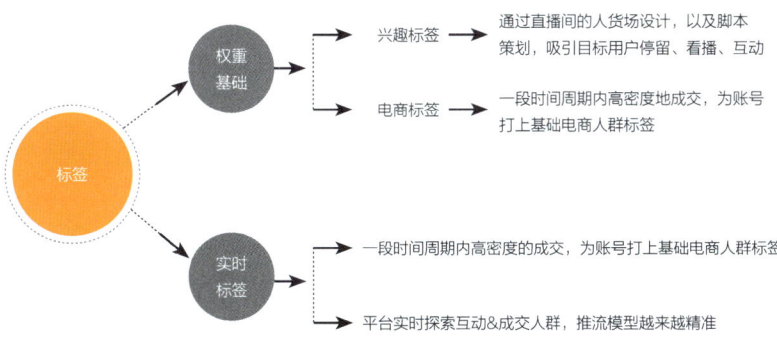

图3-5　标签与权重的关系

（2）付费流量：需要额外付费购买才能获取的流量。根据不同的付费结算方式和展现形式，有各种付费推广产品，包括竞价广告、DOU+投放、品牌广告等。

（3）免费流量：免费流量的两大主要来源是直播推荐和短视频。在讨论具体指标时，我们需要区分直播间和短视频的推流数据指标。

1）直播推荐—推流数据指标：直播推荐是直播间最主要的流量来源，以下是直播推荐的一些考核指标：

互动数据指标：停留时长、互动率（评论/点赞等）、转粉率/加粉丝团率、转发分享率；①电商数据指标：商品点击率、成交转化率、UV价值、GPM（千次展现成交）；②其他：账号标签、权重、口碑分。

以上数据指标直接或间接影响着直播推荐的流量。平台并不仅仅考核单个数据指标，因此需要全面关注这些指标，但也会有一些重点考核指标需要特别关注。

随着抖音电商的兴起，平台为适应生态发展不断调整算法，进行了大约三次重大调整。这些调整对应着重点考核的数据指标也发生了变化。

第一阶段，重点考核：停留时长、互动率。系统主要考核的数据指标是停留时长和互动率，因为对于平台来说，这个阶段的重点是培养用户的购物习惯，将用户留在平台上。因此，当时通过憋单、秒杀等策略轻松获得了自然流量。

第二阶段，重点考核：UV价值、成交效率。平台大量清理劣质直播间，规范商家行为。对于抖音来说，目的是规范电商生态环境，进一步巩固商业化变现链条，因此，重点考核的数据指标是UV价值和成交效率。

第三阶段，重点考核：GPM（千次展现成交）。随着平台生态的发展成型，GPM成为平台考核的重点指标。GPM是直播间商业价值的体现。要提升这个指标，需要全面提升综合实力，平台才会分配更多的流量。

2）短视频—推流数据指标：短视频是抖音的基本盘，即内容。我们需要将短视频和电商分开考虑，它们的推流算法和考核数据指标也是不同的。

对于原生视频，考核指标包括完播率、主页停留时长、转粉率、点赞率、评论率、转发分享率。其中，完播率是重点考核指标。你会发现很多热门视频的完播率非常高。而对于电商短视频，考核指标包括直播间进入率、直播间互动和成交数据、停留时长、互动和成交情况。

直播间是最终的落地场景，拥有不同的流量来源，包括付费流量、短视频流量、直播推荐流量和粉丝流量（图3-6）。付费流量根据ECPM进行展现排名，出价高并不意味着流量多，展现是根据预估点击率、预估转化率和出价的公式进行的。付费流量的主要作用是为直播间打上更精准的标签。

短视频流量由直播间进入率、停留时长、互动、点击和成交等数据指标决定。同时，短视频和直播间之间存在互相加热的机制。短视频精准引流到直播间，而直播间反过来也会加热短视频，从而获取更多的流量。

直播推荐是直播间中最大的流量来源。它的决定因素包括停留时长、互动率、转化率、转粉率、商品点击率、UV价值和GPM值等指标。

付费流量
数据指标、ECPM展现排名
预估点击率、预估转化率、出价

短视频流量
数据指标
进入率、直播间停留
互动、点击、成交

直播间

直播推荐流量
数据指标停留、互动、转粉
点击、转化等

粉丝流量
数据指标
粉丝互动&成交反馈

图3-6　直播间流量关系

粉丝流量的主要数据指标是粉丝的互动和成交反馈。粉丝可以增加直播间的复购率，并营造良好的氛围，从而带动其他数据指标。

各个流量渠道独立推流，每个渠道都有自己的推流数据指标。然而，通过不同渠道进入直播间的用户在氛围上相互加权，形成羊群效应，相互激发作用。付费流量在一定程度上促进了自然流量的增长，通过直播间的精准标签（基础和实时标签），吸引了具有相似标签的精准自然流量人群。

然而，付费流量并不能直接增加推流量的权重。因此，我们需要综合考虑各个渠道的数据指标，有效提升直播间的流量来源和质量，以获得更好的效果。

第四节　网络直播时间规划

直播时间规划对于品牌的销售推动和观众吸引力至关重要。在设计直播时间表时，需要综合考虑目标受众、品牌活动和购物促销等因素，以确保直播活动能够最大限度地发挥效果。

首先，建议制定每周定期直播计划。选择一个固定的时间和日期，例如，每周三晚上8点至9点，以便观众能够养成固定观看直播的习惯。提前通知观众直播时间，通过社交媒体、直播预告等渠道发布公告，以增加观众的参与度和观看率。

其次，针对重要的购物促销活动或品牌活动，应安排特别的直播时间。例如，618和双十一是消费者热衷于购物时间节点，因此在这些时间节点进行直播将极大地推动销售。与此同时，为了吸引更多的观众，可以在直播中提供独家优惠和限时折扣，激发他们的购买欲望。

另外，对于新产品的发布，应安排专门的直播活动。这种直播活动可以展示和介绍新产品的特点、使用方法和效果，引起观众的兴趣和好奇心。通过生动的演示和互动交流，提高观众对新产品的认知度和购买意愿。

专题直播也是直播时间规划的重要部分。根据不同的主题或需求，安排专题直播活动，例如，夏季护肤、妆前妆后技巧、特殊场合妆容等。通过针对性的内容和演示，吸引对这些主题感兴趣的观众参与，并提供相关产品的解决方案。

互动直播是提高参与度和黏性的有效方式。通过开展问答环节、抽奖活动、用户实时评论等形式，与观众进行互动，增强他们的参与感。观众可以获得奖励或回应，激发他们的积极性和忠诚度。

在制定直播时间规划时，要结合品牌定位、目标受众的生活习惯和媒体消费习惯等因素进行综合考虑。同时，需要定期分析和评估直播效果，根据数据反馈和观众反馈进行调整和优化，以提高直播活动的效果和转化率。

本章总结

通过本章节的学习，我们了解到直播开播前的重要准备事项。其中包括直播前的心态建设，对标账号的分析，直播平台的规则，以及合理规划直播时间等方面。通过全面综合考虑和精心规划，我们能够提高直播活动的效果，吸引更多观众的关注，从而成功实现营销目标。

课后作业

选择一个成功的直播账号并详细分析其策略和特点，说明你从中获取的灵感和借鉴的经验。

思考拓展

除了本章节所讲授的知识，我们还可以进一步研究其他成功的直播账号，了解他们的优势和策略。同时，也要深入研究目标受众的需求和喜好，以便更好地制定个性化的直播策略。定期分析和调整直播策略，持续优化直播内容和互动方式，是提升直播效果和吸引更多观众的关键。

课程资源链接

课件

第四章 网络直播间搭建

第一节 网络直播前期准备

一、获取相关权限

（1）电商权限：在店铺开通后，系统会自动授予电商权限，其中包括短视频挂链、橱窗和电商直播等功能。若只有账号而无店铺，则需要支付保证金，并开通带货联盟等功能。需要注意的是，每个平台的规则略有不同。

（2）直播权限：当店铺开通完成并在商家后台绑定账号后，绑定的一个官方账号和四个渠道账号将自动获得直播权限。官方账号中的橱窗会自动同步店铺中的商品，而渠道账号需要手动添加商品到橱窗中。

若希望在电脑上进行开播并使用OBS推流，需要联系客户经理处理相关事务。

二、账号设置

（1）为了增加账号的辨识度和关注率，请进行以下设置。

1）头像和用户名应与所从事的类目相关，使账号容易被用户辨认。

2）在个人简介中突出显示自己的价值，并引导用户关注。

3）可以在个人简介中明确指出定期开播的时间。

（2）寻找合适的主播有以下几种方法，以海外直播为例。

1）与服务商合作，由服务商推荐英语能力强的主播。

2）向客户经理咨询TikTok Shop的主播库，寻找符合商家定位的主播。

3）如果商家自行寻找主播，建议邀请英文流利的主播，例如，海外留学生、华裔人士、英语外教、传媒类院校学生、海外模特公司模特等。

（3）在选择主播时，应注意以下要点。

1）主播应具备良好的沟通力、感染力和引导力，例如，李佳琦在直播间常用语言"买它、Oh my god、所有女生"。

2）如果主播曾从事销售、主持或有直播经验，其商品展示能力可能更佳。应至少配备一名直播间小助手，协助主播与观众互动、回答问题以及重复商品重点信息等。

第二节 网络直播间装饰区域的重要性

直播间信息模块参考包括上部信息区：直播间标题、主播信息、直播状态；中部信息区：直播画面、产品展示；下部信息区：弹幕/评论、礼物榜；直播间信息：简介、时间表；主播+信息安全区：主播介绍、信息安全提示；商品购物+用户弹幕：商品详情、购买链接、用户互动。

这些参考模块可以根据具体需求进行个性化调整，以提供优质的用户体验和直播信息展示，如图4-1所示。

在直播间中，上部信息区域是直播间中的第一印象区域，因此在用户感知过程中扮演着重要的角色。由于该区域有多个UI图标和遮挡，因此不建议在此放置过多的重要信息。相反，可以利用这个区域展示一些趣味创意，以吸引用户的注意力，如图4-2所示。

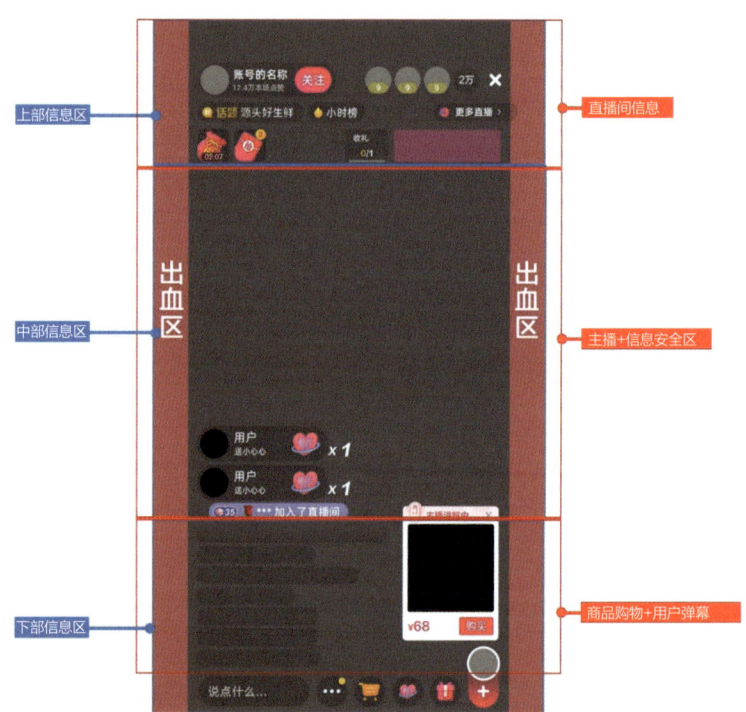

图4-1 直播间信息模块参考

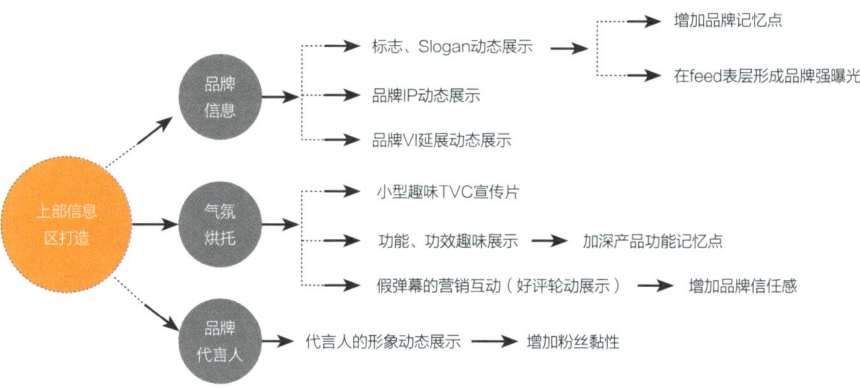

图4-2 上部信息区域

中部信息区域是直播间的视觉中心和核心位置，也是用户主要接收直播信息的区域。它拥有最大的面积，可以用来展示品牌信息、传达特定的调性，并最大化展示视觉上的卖点，如图4-3所示。

通常，直播界面的遮挡会影响下部信息区域，因此不建议在此处放置过多大段的信息。通过设计干净清晰的下部区域，可以提升直播间整体调性的质感和印象。如图4-4所示。

UI引导模块，如图4-5所示。

UI引导模块可以依托于直播间的固定UI界面，可以在图标周围进行设计，进一步加强用户的互动指引效果。这样的设计能更好地引导用户的操作，并提供更直观的界面体验，如图4-6所示。

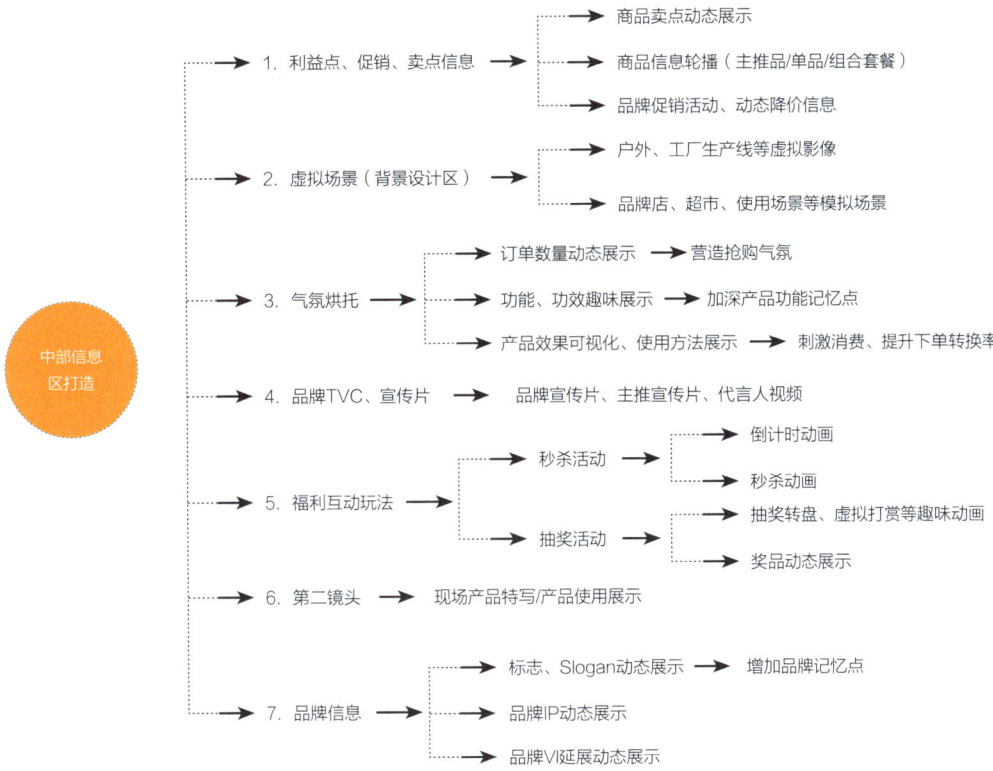

图4-3　中部信息区域

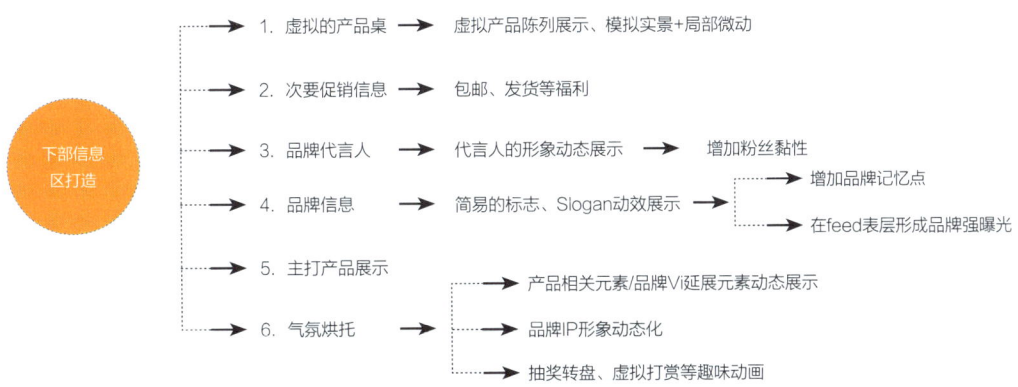

图4-4　下部信息区

图4-5　UI引导模块

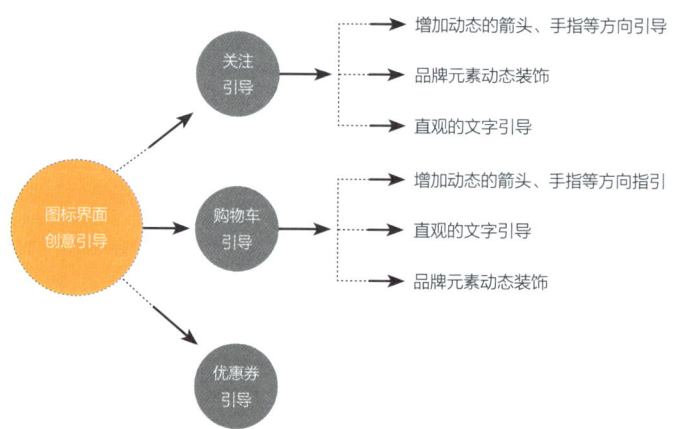

图4-6　图标界面创意引导

第三节　网络直播间搭建

　　搭建直播间示例旨在展示直播间的功能和界面布局。在示例中，可以模拟实际直播场景，包括上部信息区、中部信息区和下部信息区的布置，以及直播间信息、主播介绍、商品购物和用户弹幕等模块的展示。通过这样的示例，用户可以更好地了解直播间的结构和功能，并提供可视化的参考和体验，如图4-7、图4-8所示的展示区域。

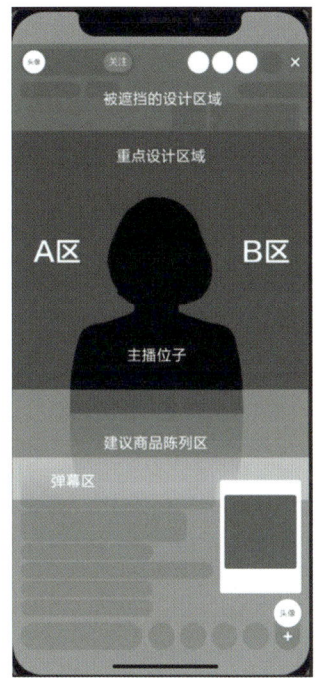
图4-7　展示区域

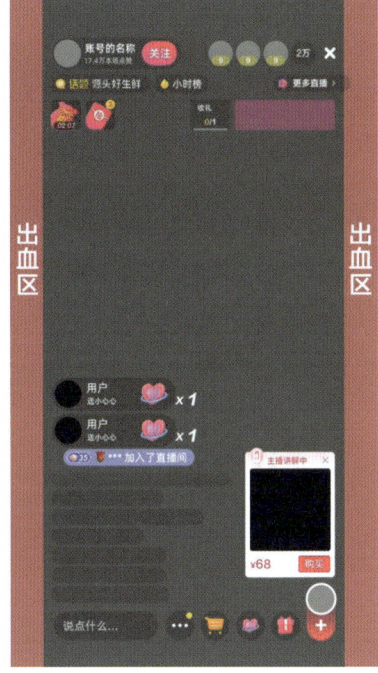
图4-8　展示区域

第四节　场景化方式打造卖货现场

直播带货分为明星达人、品牌自播以及二类电商等类型。经过对上述类型中优质的直播案例分析后发现，场景营造方法主要分为三类：展现模式场景、临场模式场景、陪伴模式场景，如图4-9、图4-10所示。

1. 明星专场

在明星专场这一领域，我们主要以明星的形象为依据，巧妙地设计和布置消费场景。从场景搭建到整体氛围营造，都精心考虑明星的个性特征和代表形象，以确保呈现出一个令人印象深刻的消费体验。

首先，深入研究明星的个人风格和品位，以此为基础进行场景设计。考虑到明星的独特魅力和受众喜好，我们精选合适的装饰元素、色彩搭配和布局方式，以打造一个贴合明星形象的独特空间。

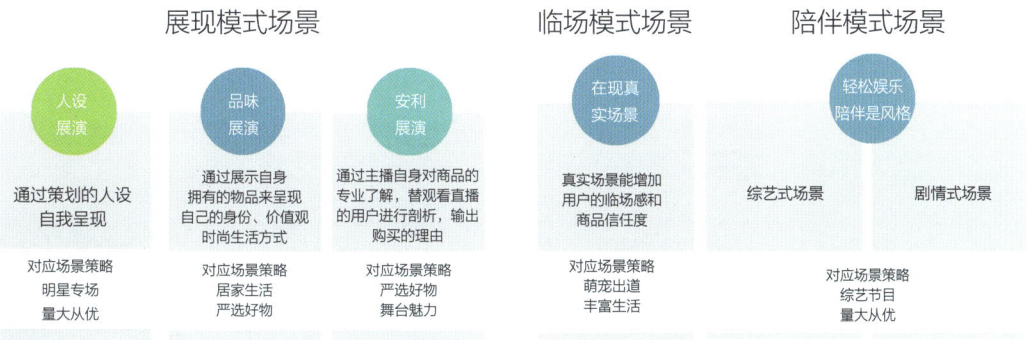

图4-9　展示模式场景　　　　　　　图4-10　展示模式场景

其次，消费场景的布置不仅注重审美感，还更注重在细节上体现明星的独特特色。或许是通过展示明星的经典服饰、收藏品，或者是通过采用与明星相关的艺术元素，使整个场景具有浓厚的明星氛围，引导消费者在体验过程中更深入地感受到明星的魅力。

在这个过程中，需注重细致入微的安排，力求使整体环境与明星的形象完美契合。通过巧妙的空间设计和各种视觉、听觉元素的结合，确保消费者在明星专场中获得一种身临其境的感觉，使其在品牌与明星之间建立更为紧密的情感联系。

2. 居家生活

居家生活领域，主要适用于追求品质生活的消费者，尤其以家居和日化行业为主要代表。直播间的场景十分干净整洁，整体色彩明亮，可为观众提供了舒适愉悦的观赏体验，如图4-11所示。

3. 舞台魅力

舞台魅力是一个更适合产品推广和展示的场景，主播直接在舞台上展示商品，通过吸引用户的目光来进行促销售。这种场景特别适用于服装、运动器械等行业，可以为它们带来更好的推广效果，如图4-12所示。

4. 萌宠出道

萌宠出道是一个以可爱和萌趣为主题的场景搭建，旨在充分利用小动物的可爱特点，吸引用户驻足观赏和积极参与。因此，该场景特别适用于宠物行业，能够为该行业带来更多关注和互动，如图4-13所示。

5. 生活场景类

生活场景类是一种接地气的场景设置和演示，它着重强调人物角色的情感感受，特别适用于二类电商、小卖场等行业。通过这种场景的巧妙设

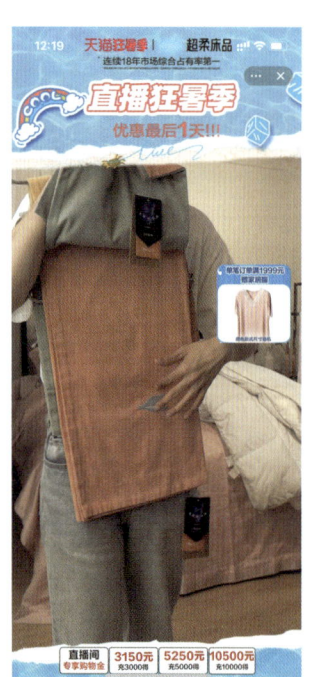

图4-11　居家生活

图4-12　舞台魅力

计，可以更好地与用户建立情感连接，为他们提供更为真实的购物体验，如图4-14所示。

6. 工厂/仓库直播

在工厂/仓库直播场景设置中，需要注重原生感，通过强烈的代入感可让观众感受到源头产品的存在，从而摒弃中间商赚取差价的消费心理。这种直播场景的规划旨在展示产品的生产过程、仓储等环节，从而使观众能够更加直观地了解产品的来源和品质，如图4-15所示。

图4-13　萌宠出道

图4-14　生活场景类直播

图4-15　工厂/仓库类直播

第五节　网络直播间布局

为了提升用户在直播间的体验和购买意愿，我们需注意以下几点，以打造出优质的直播环境。

（1）保证画质清晰，避免模糊或失真的情况。

（2）确保整体环境明亮通透，避免出现噪点或反光。

（3）维持直播间的整洁，确保没有杂物或杂乱的布置。

（4）确保主播面部明亮可见，避免阴阳脸或过暗的照明。

（5）根据需要，突出品牌调性，可以使用品牌标志等元素进行展示。

（6）调整直播间灯光氛围，使其与所售卖的商品调性相符。例如，女装可以选择暖色调，而3C产品（计算机类、通信类、消费类电子产品的统称）可以选择冷色调。

（7）可考虑设置双机位或多机位，通过镜头切换来展示商品的特写和细节。

在选择设备方面，以下是一些常用设备供参考（表4-1）。

表4-1　　　　　　　　　　　　　　　　　　　**常用设备**

设备	选购原因
高清摄像头	确保摄像头的画质清晰度和稳定性

设备	选购原因
照明设备	使用合适的照明设备来提供明亮而均匀的光线
声音设备	选择高质量的麦克风和音频设备，确保清晰的声音传输
背景布置	根据直播的主题或品牌需求进行合适的背景布置

通过遵循以上的注意事项并选择适当的设备，我们能够呈现一个优质的直播画面，从而增强用户的观看体验和购买意愿。这将帮助他们更好地了解和欣赏所展示的商品，从而促进更多的购买行为。

1. 初级直播间

对于初阶直播用户来说，建议选择使用手机进行直播。在设备选择方面，挑选一部合适的手机，并配备简单的灯光效果，可以确保直播画质清晰，提高直播的稳定性，同时让主播的画面更加舒适。除此之外，一台良好的声卡和麦克风也是必不可少的，它们能够提供清晰的声音，对于提升直播间的氛围也有很大的帮助（表4-2）。通过设备选择和简单的调整，即可开始进行高质量的手机直播。

表4-2　　　　　　　　　　推荐设备

分类	推荐设备
摄像	建议：iPhone 8以上 iPhone 12 Pro Max（A2412）256GB
返送	
备用	
声卡	联想UL20手机声卡
专业麦克风	飞利浦DLK38001
外置摄像头	广角、微距、鱼眼
手机支架	泰火手机直播支架补光灯
灯光	主光源：爱图仕120dⅡ
其他设备	灯光、设备电源线、充电器、插排
其他所需	桌椅、道具、提示用的白板

手机直播作为一种便捷性高、随时随地开播的方式，具有许多优点，但也需认识到其存在一些缺点。首先，手机直播的续航能力较差，可能导致电量消耗过快。同时，在直播过程中手机可能会发热，容易导致卡顿现象。其次，手机的追焦能力有限，可能无法很好地调整焦点。手机直播对网络要求较高，稳定的网络连接对于流畅的直播至关重要。再次，手机直播的景别受限，无法实现像抠像换背景这样的高级功能。尽管存在这些缺点，手机直播仍然是一种便捷且广泛使用的方式，特别适合初阶直播的用户快速入门。初学者可以通过手机直播体验直播的乐趣，并在实践中逐渐提升直播技巧。

2. 进阶版直播间

对于长期进行自播的商家来说，选择进阶版直播设备是非常必要的。这些设备包括更专业的摄像设备、灯光和音效等。专业的摄像设备能够提供更高质量的画面，细节更清晰，色彩更准确。同时，适当的灯光设置可以改善直播画面的明暗度和整体效果，增强视觉吸引力。此外，良好的音效设备能够提供清晰、高质量的声音，为观众带来更优质的听觉体验。

这些进阶版直播设备能够显著提升直播的专业性和观赏性。对于长期从事自播的商家而言，选择进阶版的工具，有助于提高直播质量和观众体验，进而增加用户黏性和购买意愿，见表4-3。

表4-3　　　　　　　　　　　　　　　　　　进阶版直播设备

类别	器材类型	规格要求	推荐型号
摄像	高清DV主机位	不低于4K	高清DV：索尼AX-700
	专业微单产品特写		松下DC-S1HGK 索尼A7M3 尼康Z6
	内存卡	128G	闪迪sd卡128g
	M3电池	2电1充	标NP-FZ100索尼微单相机电池A7M3高容电池+液晶双充套餐
	脚架	固定机位注意：竖排需要单独购买L架	Miliboo米泊MTT601A摄像机三脚架大鸟单反三脚架
导播	导播切换台	不少于4路4k信号	入门：领地D-manor
音频	小蜜蜂		专业：索尼小蜜蜂UWP-D11 入门：麦拉达WM12
	声卡简易调音台	输入接口不少2路	入门：声艺NANO　M08BT 雅马哈：AG06
灯光	摄影灯	至少要有主光、辅光、背景光3个布点光，搭配灯架购买	主光源：爱徒仕120dll 辅光源：品色P45c
推流	推流电脑	专业级工作电脑、内存、声卡、显卡、网卡配置越高越好（万元配置以下电脑勿用）	笔记本：戴尔外星人m17 台式：可自行组装高配置电脑
	视频采集卡	不低于4K	天创恒达UB570pro
其他设备	后台电脑	笔记本：性能强/工作本	
	直播背景	KT板	固定背景
		背景电视 小米电视65寸（144cm×81cm）	电子屏幕
	竖屏电视直播手机二选一	高清竖屏带支架	
		苹果/三星/华为ipad	
	场控信息提示	白板	
	苹果或安卓4合1转接线	至少有充电扣和HDMI口的2合1转接头	
	手机快充头以及快充线		
	HDMI线	4K	

进阶版直播设备拥有高画质和强大的感光能力，能够提供清晰的画面并减少噪点的出现，这有利于后期的调色工作，提高直播间画面的质感。此外，这些设备的视频功能也非常稳定，能够确保直播的顺畅进行，从而为观众提供更优质的观看体验。

然而，进阶版设备也存在一些缺点。首先，相机菜单功能设计可能与常规逻辑不符，导致上手难度较大，需要一定时间的学习和适应。其次，直接输出的颜色可能不够美观，需要专业人员进行调试才能发挥最佳效果。再次，镜头配件的价格也较高，可能会增加一定的投资成本。

尽管存在这些缺点，但进阶版直播设备仍然是提升直播质量和专业性的重要工具。对于长期从事直播的商家和专业直播主播而言，投资于优质的进阶版设备能够带来更好的画面效果、更稳定的直播体验，从而提高用户满意度和忠诚度。考虑到直播市场的竞争，拥有高品质的直播设备将成为业务成功的重要因素之一。

3. 绿幕直播

绿幕直播，又称抠像直播或虚拟直播，可为直播带来更多的创意和想象空间。通过使用绿幕技术，我们可以在选择场地和布景上拥有更大的灵活性，实现现实中难以达到的效果。相比普通LED背景，绿幕直播能够为观众带来更沉浸式的体验。这项技术能够轻松实现虚拟背景的替换，让直播内容更具创意和吸引力。无论是营造奇幻的场景还是展示特定的品牌形象，绿幕直播都为直播主和观众带来了更多的可能性。通过这一创新技术，直播界面的视觉效果得到提升，为观众呈现出更具吸引力和互动性的直播内容。绿幕直播为直播行业带来了新的发展方向，对于寻求更高水平直播体验的直播主和企业来说，它是一个不可忽视的选择，如图4-16所示。

图4-16　绿幕直播

绿幕直播具有许多优点，其中包括不受场地环境和地点限制的特点。通过使用一张绿幕和相应的设备，就能够轻松实现抠像效果，实现线上虚拟直播。这意味着直播的背景可以随意更改，无论是在家中、办公室还是其他任何地方，都能够营造出各种不同的场景和环境。

第六节　网络直播间的灯光布置

直播间的灯光布置对于观看体验至关重要。恰当的灯光设计可以提高直播的画面质感，突出主播和产品，并为直播间营造合适的氛围。

在直播间的灯光布置中，我们应综合考虑主播的面部照明、产品展示、背景营造和氛围创造等因素。通过合理的灯光设计，我们能够提升直播的质感和吸引力，为观众带来更加优质的观看体验。以下是关于直播间灯光布置的一些建议：见表4-4。

表4-4　　　　　　　　　　　直播间灯光布置

类型	说明
主光源	主光源是最重要的灯光之一，应放置在合适的位置，以照亮主播的面部和整个直播区域。为了避免过度阴影或反光，主光源应该是柔和而均匀的
填光灯	填光灯的作用是填补主光源造成的阴影，使整个直播画面更加均衡。通常，填光灯放置在主光源的反方向，以减少阴影并提供更柔和的光线
背景灯	背景灯用于照亮直播间的背景，以营造氛围和增强视觉效果。根据直播内容的要求，可以选择合适的背景灯光色彩，例如，暖色调适合温馨的场景，冷色调适合科技或时尚的场景
特效灯	特效灯可以增加直播间的趣味性和创意性。例如，彩色灯光、闪光灯或移动灯光效果等，都可以营造出不同的氛围和视觉效果，增加直播的吸引力
调光和调色功能	对于直播间的灯光布置，调光和调色功能是必不可少的。通过调整灯光的亮度、色温和色彩饱和度。当然，可以根据直播内容的需要进行灵活的调整，以获得最佳的视觉效果

灯光布置在直播间中起着关键的作用，它能够提高直播画面的质量和观赏性。合理的灯光设计可以突出主播和产品，营造合适的氛围，并为观众带来更佳的观看体验。根据直播内容的需求，选择合适的灯光类型和功能，是打造优质直播环境的关键一步。

一、不同纵深感的直播间灯光布置建议

在不同场景中，我们可以根据直播间的纵深感不同程度来选择合适的灯光布置。以下是具体的建议。

1. 直播间纵深感较弱的场景

适用于直播间前后距离较小的情况。在这种场景下，我们应重点关注主播和产品的照明，确保它们在直播画面上清晰可见。通过合理的灯光设

置，突出主播和产品，提高它们的视觉吸引力。

2. 直播间纵深感一般的场景

适用于主播身后有关键信息（如品牌海报）的情况。在这种情况下，灯光可以用于突出这些关键信息，增强品牌形象。通过调整灯光的角度和亮度，让关键信息在直播画面中更加醒目。

3. 直播间纵深感较强的场景

适用于主播身后有较大空间但没有关键信息的情况，例如类似Teenie Weenie的场景。在这种情况下，灯光可以用于营造整体氛围和提升直播间的纵深感。通过合理的灯光布置，营造出舒适的氛围，让直播间更加吸引人。

4. 直播间纵深感较强且有关键信息的场景

适用于主播身后有关键信息（如品牌海报、商品货架）的情况。在这种情况下，灯光应该用于突出这些关键信息，并保持整体的纵深感。通过灯光的照射，让关键信息更加鲜明，吸引观众的注意。

此外，如果需要在镜头前展示产品细节，建议配置额外的灯光来照明该区域，以确保产品细节在直播画面上完整呈现。通过合理的灯光布置，我们可以根据不同的场景需求，突出重点，营造氛围，提升直播间的观赏性和吸引力。

二、不同产品直播间的灯光提示

1. 服饰、美妆直播间

在展示服装、化妆品和护肤品等产品时，建议使用接近自然光色温的白光。这样的灯光能减少色差，帮助观众更真实地了解产品的状态和颜色。

2. 家居直播间

为营造温馨的家居氛围，建议使用暖光。暖色调的灯光可以增强家居产品的舒适感，让观众更容易产生共鸣和好感。

3. 珠宝类直播间

在珠宝直播中，我们可以根据珠宝的类型和光泽选择适当的灯光。对于明亮的珠宝，建议使用白光，以突出其闪耀的特点；而对于较温润的珠宝，可以采用暖光，营造出更加柔和的氛围。

通过合理的灯光选择，我们可以根据不同的直播间需求，提供更适合产品展示的灯光氛围，为观众呈现出最佳的观看体验。

三、利用墙面补足灯光不足

在灯光不足时，直播间的墙面可以发挥调节作用，以下是一些建议。

（1）选择低饱和度的纯色墙漆、墙纸或墙布，如莫兰迪色系，这样可以增强品牌的识别度，同时避免过度曝光。

（2）灰色是最安全的背景色，中性而简约，适合作为摄像头的背景色。它不会过度曝光，视觉舒适，有利于突出服装、妆容或产品的颜色。

（3）避免使用反光和刺眼的荧光色。选择浅色、纯色的背景，以简约、大方、明亮为主，避免过于花哨，以免影响观众的注意力。不建议使用纯白墙面，因为可能导致光线问题和曝光过度。

（4）在灯光不够专业的情况下，可以选择深色背景，这样主播的肤色会显得较为白净。但要注意深色背景可能会给买家带来一定的距离感。

（5）背景布可以随意更换，同时会给买家带来新鲜感，而背景布的成本相对较低。

以上是关于直播间纵深感、灯光和背景的一些建议。根据不同场景和品牌需求，可以灵活调整和应用这些建议。在直播过程中，合理的灯光布置和背景选择将提升直播的观赏性和品牌形象，使观众更好地聚焦于主播和产品。

第七节　网络直播软件的操作与使用

OBS（Open Broadcaster Software）是一款开源的播放软件，其主要功能是将电脑中的视频内容推送到直播平台，实现直播内容在直播平台上的展示。OBS直播带来了许多好处。首先，它可以实现多个场景的设置，包括图像、文本、浏览器窗口、网络摄像头等，通过自定义场景，实现无缝切换，提升直播的多样性和专业性。其次，OBS提供贴纸功能，可以用于日常直播间，丰富直播画面并展示相关信息。最重要的是，使用OBS无需额外安装直播软件，只需使用OBS即可直接分享电脑桌面或接入摄像头进行直播，从而提高直播的画质和效果。

（1）首先，在进行直播之前，需要选择视频来源。这是直播中最基本的步骤之一，如图4-17所示。

（2）点击添加可以选择多种视频来源，常用的有：媒体源、窗口捕获、视频捕捉设备等，如图4-18所示。

图4-17　OBS软件（视频来源）

图4-18 OBS软件界面选择媒体源

一、媒体源

对于已有视频拉流地址的场景或者本地下载的视频，可以直接使用这些媒体提供的直播流地址进行拉流操作。这种方式无需进行额外的编码或转换过程，可以实时获取并展示已有的视频内容。使用这种方式非常方便，特别适用于需要直接使用已有视频源的场景，同时保留原始视频的质量和特性。不论是在线直播还是本地播放，直接拉取媒体提供的直播流可以高效地满足播放需求。这样的操作可以节省时间和资源，快速地展示和传播视频内容，无需担心格式转换或损失视频质量。因此，对于已有视频源的应用场景，直接使用媒体提供的直播流地址是一种简便有效的方法。

（1）本地视频：媒体源→新建媒体源→选择本地视频→确定。如图4-19、图4-20所示。

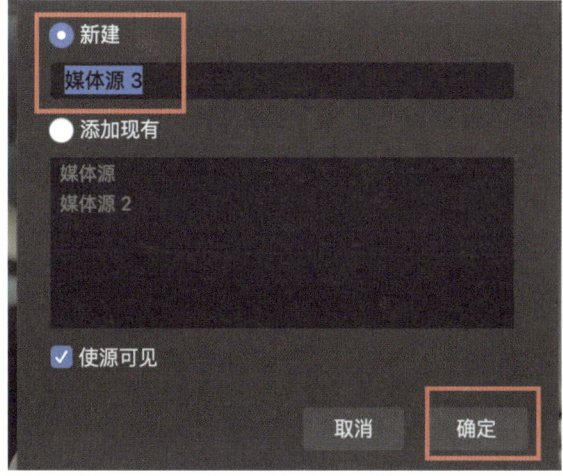

图4-19 OBS软件界面：新建媒体源（1）

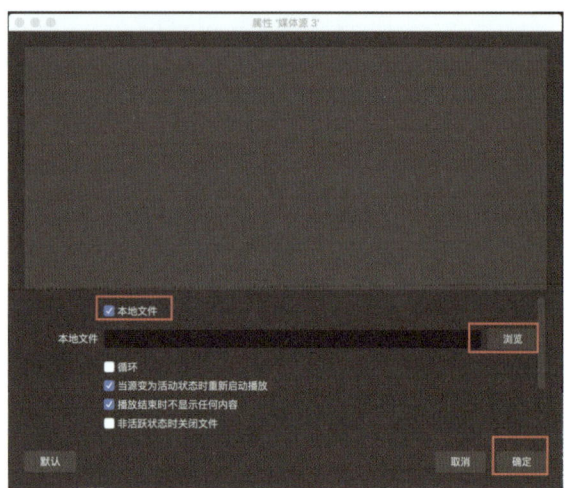

图4-20　OBS软件界面：新建媒体源（2）

（2）外部视频源：选择媒体源→新建媒体源→去掉本地文件的默认勾选→输入外部视频地址→确定。如图4-21、图4-22所示。

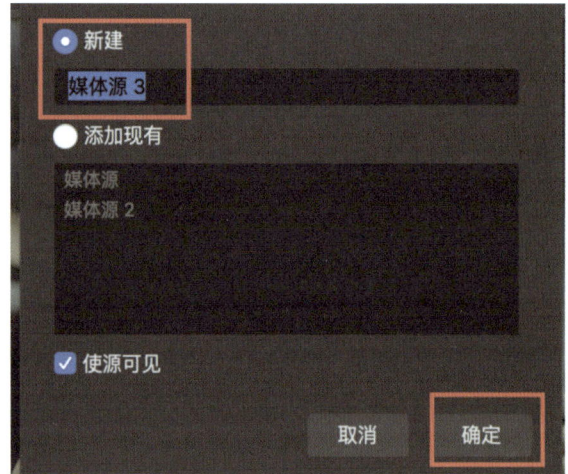

图4-21　OBS软件界面：外部视频源（1）

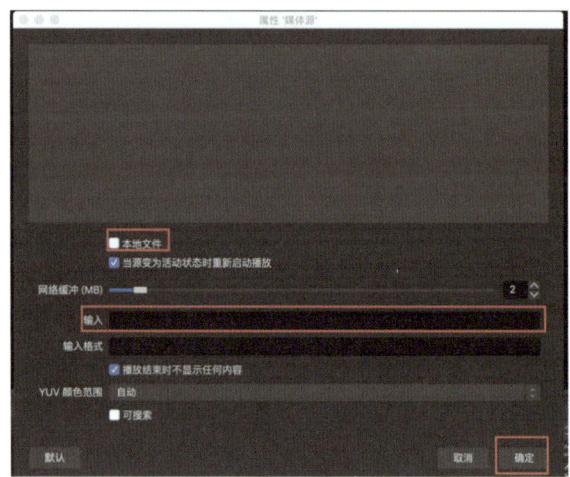

图4-22　OBS软件界面：外部视频源（2）

（3）视频捕获设备：选择视频捕获设备→新建设备→选择对应设备（截图的设备是mac自带摄像头），如图4-23~图4-25所示。

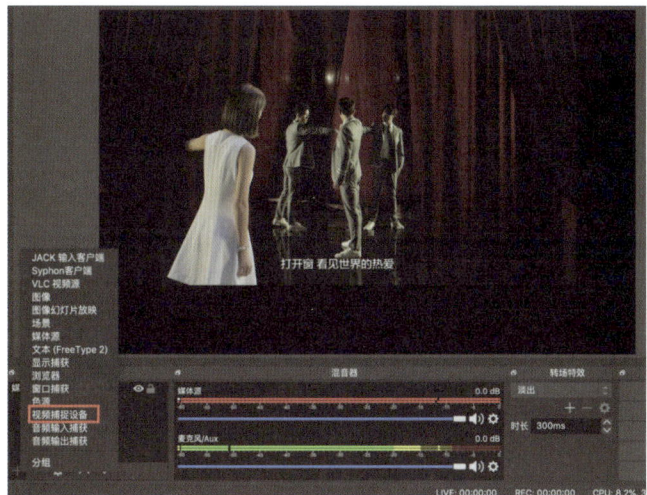

图4-23　OBS软件界面：摄像头使用（1）

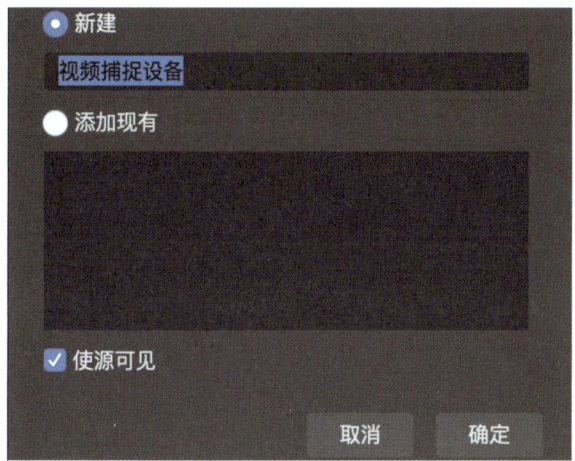

图4-24　OBS软件界面：摄像头使用（2）

图4-25　OBS软件界面：摄像头使用（3）

（4）设置推流地址。

1）选择设置→推流→填写推流地址，如图4-26、图4-27所示。

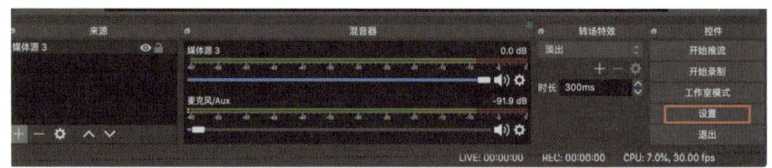

图4-26　OBS软件界面：推流设置（1）

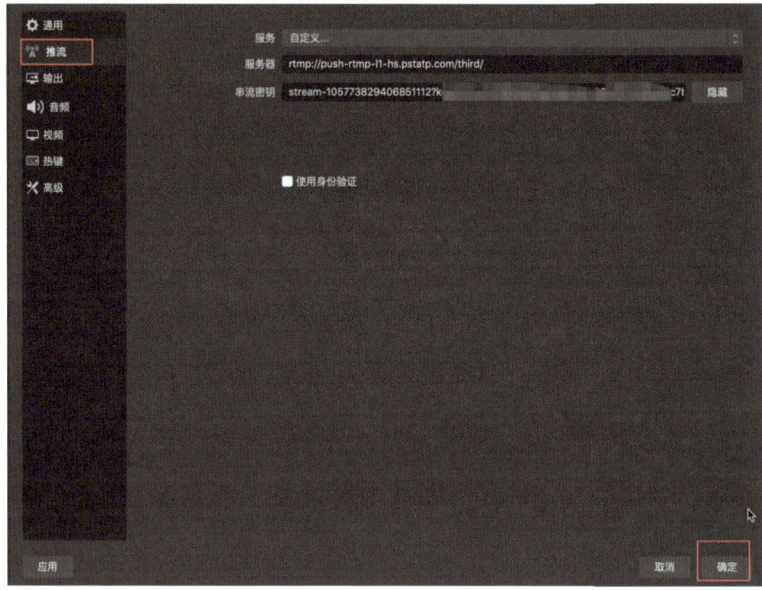

图4-27　OBS软件界面：推流设置（2）

2）点击开始推流后，即可正常进行直播。如果推流成功，在右下方可看到上行速度的显示，以及绿色方块的出现（请确保上行速度达到1000kb/s以上，以获得更好的直播效果），如图4-28、图4-29所示，这将帮助我们监测推流状态，并确保顺畅的直播体验。

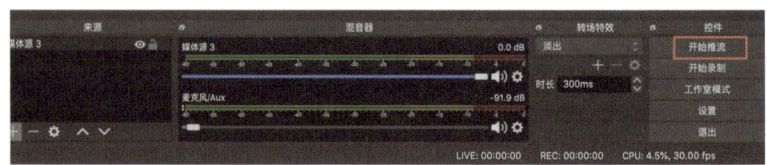

图4-28　OBS软件界面：开始推流

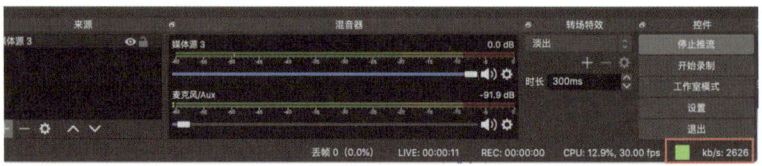

图4-29　OBS软件界面：停止推流

二、修改配置参数

我们可以通过修改音视频码率来调整直播的画质和性能。一般情况下，只需要调整视频比特率即可。较高的码率可以提供更清晰的画质，但同时也需要更大的带宽来支持上下行传输，避免卡顿现象的发生。

以下是一些建议的码率设置：

对于画面变化不大的场景（如秀场），推荐设置为2000 kbps；

对于画面变化较多的场景（如晚会），推荐设置为4000 kbps。

对于对画面质量要求较高的场景（例如游戏直播），推荐设置为6000 kbps或更高。

（1）根据具体情况和需求，我们可以选择适当的码率来平衡画质和带宽要求。请注意，调整码率可能会对直播质量和观看体验产生影响，因此建议根据具体场景进行调整和测试，如图4-30所示。

（2）调整分辨率是调整直播画面清晰度和适配性的重要步骤。在设置中，基础画布分辨率指的是直播的原始分辨率，而输出分辨率则是最终编码发送给外部的分辨率。如果输出分辨率小于基础分辨率，画面会被缩小。

为了保持画面的原始比例和质量，建议根据原始信号的宽高比进行设置。基础分辨率通常与原始信号一致，常见的分辨率是1920×1080（全高清）。而输出分辨率一般可以选择1920×1080或1280×720，具体选择取决于画面需求和平台要求。

通过调整分辨率，可以适配不同的屏幕和设备。请根据实际情况选择适当的分辨率设置，并注意保持原始信号的宽高比例，如图4-31所示。

（3）调整帧率是影响直播画面流畅度的重要因素。帧率指的是每秒播放的画面帧数，帧率越高，画面就越流畅。

在选择帧率时，一般可以考虑使用常见的25或30帧。这两个帧率是常

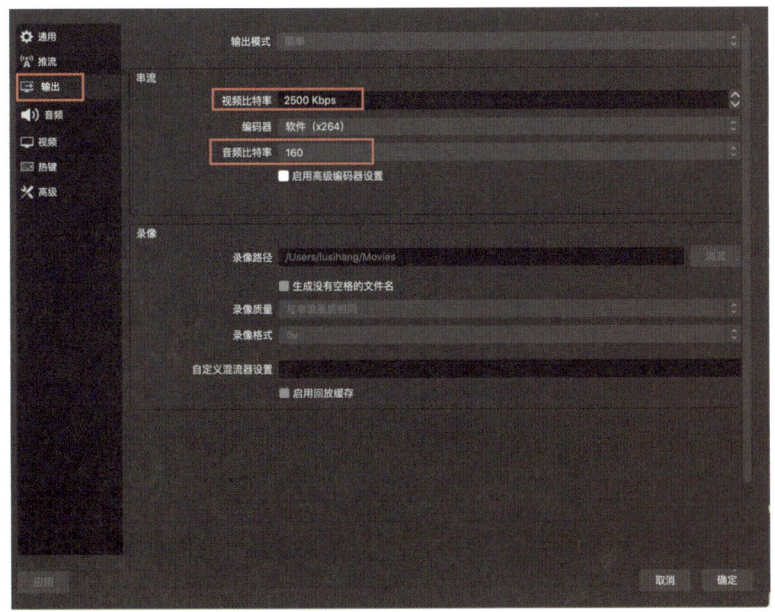

图4-30　OBS软件界面：输出设置

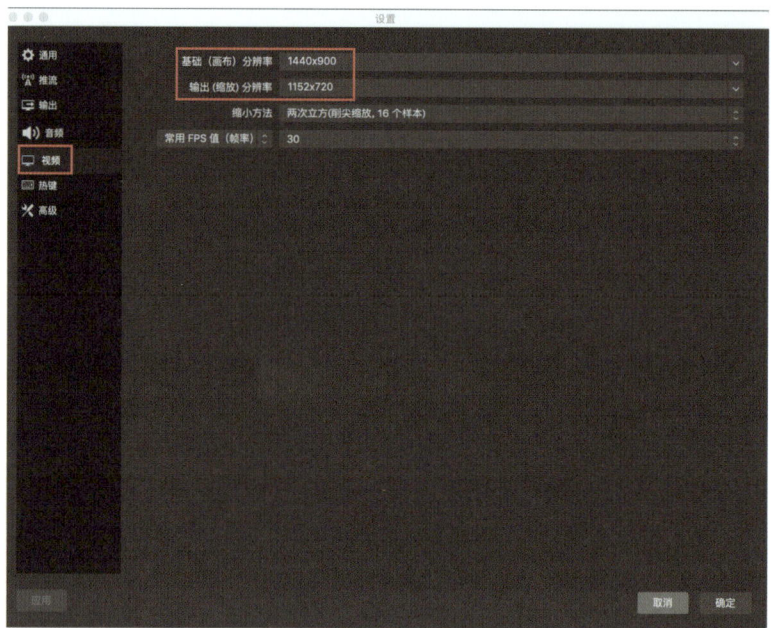

图4-31　OBS软件界面：视频设置（1）

见的标准帧率，大多数情况下可提供良好的观看体验。

　　根据实际需求和平台要求，可以选择适合的帧率设置。较高的帧率可以提供更加流畅的画面，但同时也需要更大的带宽支持。请根据直播内容和网络条件进行调整，以平衡画面流畅度和资源消耗，如图4-32所示。

　　（4）GOP（Group of Pictures）设置是指视频编码中的关键帧间隔设置。关键帧是视频序列中具有完整画面信息的帧，关键帧则是通过与前一帧的差异来进行压缩编码。设置合适的GOP值可以在保证视频质量的同时控制文件大小和传输延迟。

　　当GOP设置过大时，即关键帧间隔较长，会导致观众在观看直播时的延迟增加。因为在接收端需要等待较长时间才能获取到完整的画面信息，从而影响观看体验。

　　一般来说，建议将GOP设置为2。这意味着每两个连续的关键帧之间

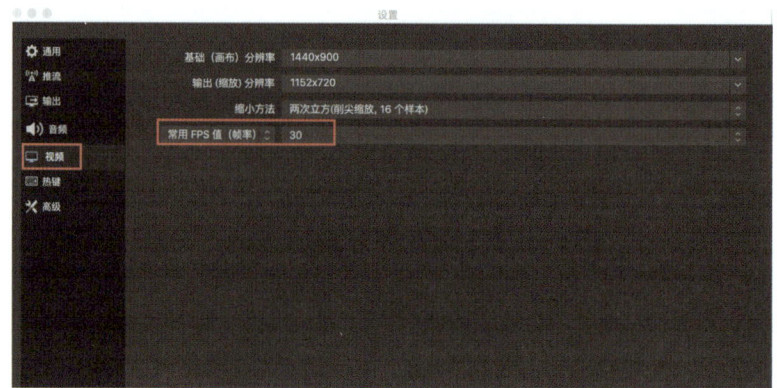

图4-32　OBS软件界面：视频设置（2）

有一个非关键帧，可以在保证画质的同时控制延迟。但具体的GOP设置还需根据实际需求和平台要求进行调整，以达到最佳的观看效果和传输性能，如图4-33所示。

（5）调整画面比例是指将视频的宽高比例调整为适合当前直播平台和观众设备的比例，以确保画面的完整显示和最佳观看体验，如图4-34所示。

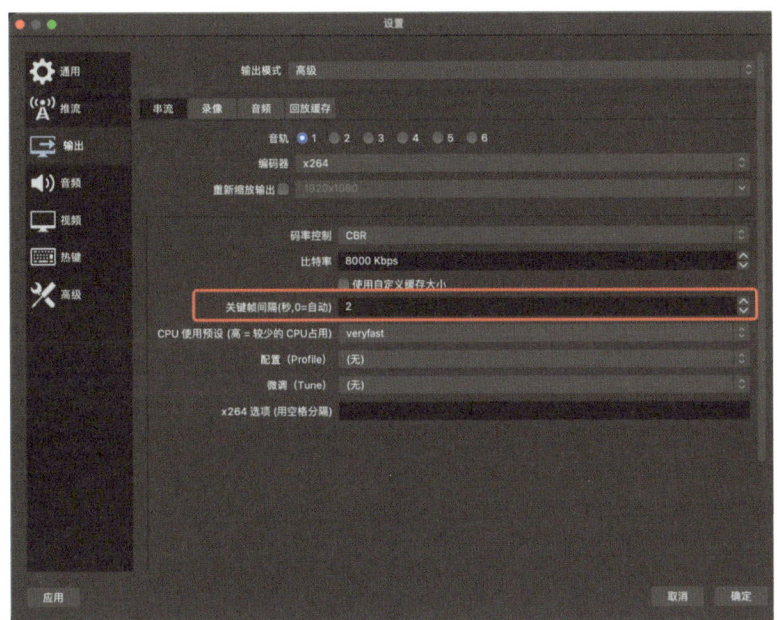

图4-33　OBS软件界面：输出设置帧

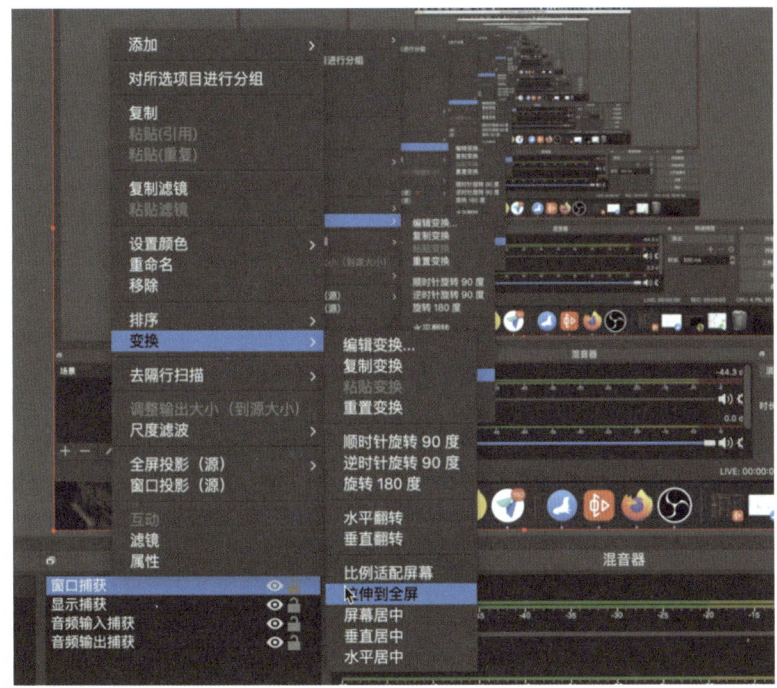

图4-34　OBS软件界面：窗口捕获设置

三、常见问题

（1）在推流过程中，有时会遇到各种报错信息，这些通常是由于推流地址填写有误、直播流地址过期或被禁播所导致的。常见的报错信息包括"无法连接推流服务器""推流地址无效""直播流已过期""直播流已被禁播"等。在这种情况下，我们需要采取以下步骤来解决问题。

首先，仔细检查所填写的推流地址，确保没有拼写错误或格式问题。一些简单的拼写错误或格式错误可能导致推流失败。因此需要确保地址完整且符合要求。

其次，确认直播流地址的有效性。直播流地址可能会有有效期限制，一旦过期，推流将无法进行。确保使用的直播流地址是当前有效的，避免使用已过期或被禁播的地址。

如果确认推流地址填写正确且直播流地址有效，但仍然遇到报错问题，建议与直播平台或技术支持团队联系。他们将能够提供更专业的帮助和解决方案，可能是由于平台更新或其他技术问题导致的，他们能够提供及时有效的支持和解决方法。

综上所述，遇到推流报错问题时，我们应该仔细检查推流地址的填写准确性和直播流地址的有效性，并寻求直播平台或技术支持团队的帮助，以确保推流顺利进行，实现成功直播，如图4-35所示。

（2）预览窗口无画面时可尝试重新选择视频源。

（3）上行网速过低。

为了保证直播的良好效果，至少需要保持上行网速在1000kb/s以上。

图4-35　OBS软件网络报错

上行网速表示从本地设备发送数据到网络上的速度，它直接影响到直播内容的传输质量和稳定性。如果上行网速过低，可能会导致直播卡顿、画质不清晰，甚至无法正常推流。针对上行网速过低的情况，可以尝试以下解决方案。

检查网络连接：确保网络稳定，并且没有其他大量占用带宽的活动。关闭其他网络使用程序或设备，以提供更多的带宽给直播。

联系网络服务提供商：了解是否可以升级网络速度。有时候，升级网络套餐可以提供更高的上行网速，从而改善直播的质量。

通过采取以上措施，可以提高上行网速，从而提高直播的流畅度和画质。这样可以为观众提供更好的观看体验，确保直播内容能够顺利传输，并避免画面卡顿或模糊等问题。保持足够的上行网速是保障直播效果的重要因素，也是提供优质直播内容的基础，如图4-36所示。

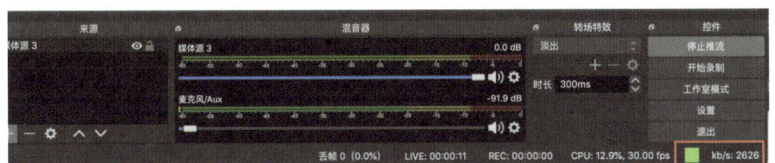

图4-36 OBS软件网速可视

本章总结

本章节主要介绍网络直播前期准备的要点及内容。首先，我们必须获得直播权限并进行账号设置，同时寻找合适的主播。直播间的装饰和布局在直播过程中扮演着非常重要的角色，通过利用DEMO展示功能和界面布局，模拟实际场景，我们可以为观众提供更出色的直播体验。在搭建直播间时，选择合适的直播设备至关重要。值得一提的是，专业直播软件如OBS软件提供了多样性和专业性的功能，能够使直播过程更加顺利进行。

课后作业

网络直播前期准备和网络直播间布局设计

请根据本章学习的内容，撰写一份关于直播前期准备和直播间布局设计的报告，需要包括以下要点。

（1）直播前期准备的重要性和要点：权限获取、账号设置和寻找合适的主播。

（2）直播间装饰和布局的关键性：利用DEMO展示功能和界面布局，模拟实际场景，提升用户体验和互动效果。

（3）根据行业对比分析的场景化方式：打造不同类型的卖货现场，如明星达人场景、品牌自播场景和电商场景，以满足特定人群的需求。

（4）选择适当的直播设备：高清摄像头、照明设备、声音设备和背景布置，确保提供优质直播画面，增强用户体验和购买意愿。

（5）进阶版直播设备的优势与注意事项：具有高画质和感光能力，但操作复杂且价格较高，需要专业调试和投资考虑。

（6）绿幕直播的创意空间和灯光布置：通过绿幕技术创造虚拟背景替换，提供更多创意和吸引力；灯光布置突出主播形象和产品质感，营造更好的氛围。

（7）OBS直播软件的功能与优势：支持多场景设置和贴纸功能，提升直播多样性和专业性，简化操作流程，提高便利性和效率。

请在报告中提供实际案例和详细说明，以支持你的观点和建议。

思考拓展

网络直播不仅是简单地传递信息，更是与观众建立实时互动的过程。在直播前期准备中，要思考如何增加创意和互动元素，提高直播的吸引力和观众黏性。例如，在直播过程中引入有趣的互动环节、举办抽奖活动、回答观众问题等，都能增加观众的参与感。

课程资源链接

课件

第五章 商品表现

第一节　商品关键点的提炼

　　为了提高销售效率，对商品关键点的提炼显得尤为重要。我们将从以下几个维度着手进行商品关键点的提炼，以天麻为例，如图5-1所示。

　　（1）产品特性和功能：首要强调产品的独特性和功能性，这是商品的核心，所有的商品卖点都源于此，包括使用的材料、制作工艺、创新技术等。例如，贵州是天麻的最佳产地之一。天麻作为一种名贵中药材，具有镇静安神、平肝息风等功效。

　　（2）购买者获得的好处：指的是用户在使用产品后可以获得的好处和价值，以解决他们已知或未知的问题，甚至满足需求。例如，天麻可以帮助顾客缓解焦虑、失眠等症状，提高睡眠质量，增强身体免疫力。

　　（3）适用人群：明确产品适用的特定人群或目标市场，可以细化到人群所在的国家、地区，人群的生活环境、日常习惯等。例如，天麻非常适合老年人提高免疫力、生活压力大的一线城市白领提高抵抗力，熬夜加班人群，以及偏头痛人群。

　　（4）产品应用场景：突出产品在哪些场景或情境下的使用能力，强调解决特定问题的能力或适用场景。例如，天麻适用于头痛、眩晕、失眠、焦虑、颈椎病、腰椎病、胃纳不良、脘腹胀满、便秘等症状，可以在烹饪时加入天麻煲汤，可以在日常工作时泡茶，也可以磨成粉在牛奶中服用等。

　　（5）安全性和可靠性：特别对于天然产品来说，产品的安全性和可靠性尤为重要，这是刺激顾客做最终决定的卖点之一。例如，天麻作为一种天然草药，具有较高的安全性不会产生明显的副作用。贵州10年生的天麻在野外自然生长，纯天然无污染。

　　通过对这些维度的准确提炼，可以更好地把握客户需求，找到客户的痛点，并在直播带货或销售过程中更有效地推销商品，提高销售效率。同时，强调商品的独特性、功能和适用场景，还需要注重产品的安全性和可靠性，这将有助于提高客户对商品的信任和忠诚度。

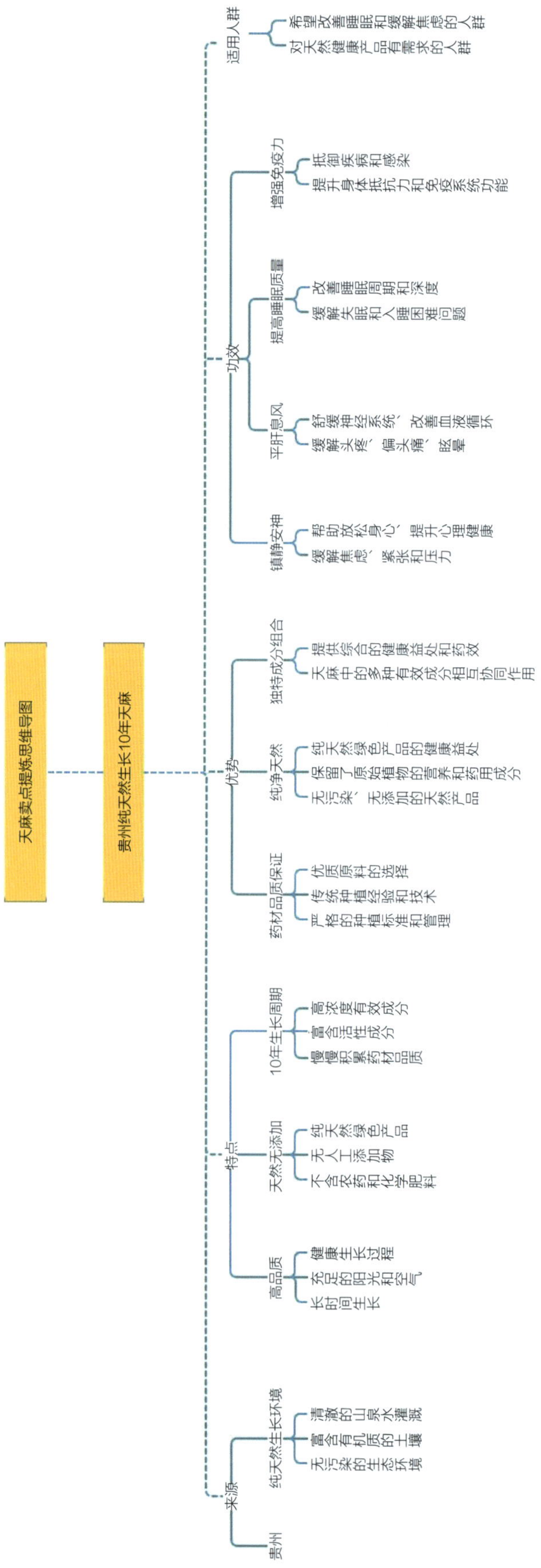

图5-1 天麻卖点提炼

天麻卖点提炼思维导图

贵州纯天然生长10年天麻

适用人群
- 希望改善睡眠和缓解焦虑的人群
- 对天然健康产品有需求的人群

功效
- 增强免疫力
  - 抵御疾病和感染
  - 提升身体抵抗力和免疫系统功能
- 提高睡眠质量
  - 改善睡眠周期和深度
  - 缓解失眠和入睡困难问题
- 平肝息风
  - 舒缓神经系统、改善血液循环
  - 缓解头痛、偏头痛、眩晕
- 镇静安神
  - 帮助放松身心、提升心理健康
  - 缓解焦虑、紧张和压力

优势
- 独特成分组合
  - 提供综合的健康益处和药效
  - 天麻中的多种有效成分相互协同作用
- 纯净天然
  - 纯天然绿色产品的健康益处
  - 保留了原始植物的营养和药用成分
  - 无污染、无添加的天然产品
- 药材品质保证
  - 优质原料的选择
  - 传统种植经验和技术
  - 严格的种植标准和管理

特点
- 10年生长周期
  - 高浓度有效成分
  - 富含活性成分
  - 慢慢积累药材品质
- 天然无添加
  - 纯天然绿色产品
  - 无人工添加物
  - 不含农药和化学肥料
- 高品质
  - 健康生长过程
  - 充足的阳光和空气
  - 长时间生长

来源
- 纯天然生长环境
  - 清澈的山泉水灌溉
  - 富含有机质的土壤
  - 无污染的生态环境
- 贵州

第二节　直播间主题环境营造

　　直播间的主题环境营造是通过将视觉、听觉和触觉相结合的方式，通过对服化道的调整来呈现给观众。为了打造吸引人眼球的直播间效果，我们会根据不同主题进行氛围营造，主要包括以下方面。

　　（1）视觉设计：直播页面的氛围设计对直播间的吸引力具有直接影响。这一点可以通过多种元素来实现，包括贴片色彩、灯光，以及布景等方面的设计。我们应该根据直播内容来选择适合的配色方案和视觉装饰风格，以确保观众在观看直播时能够感受到舒适、专业或有趣的氛围。例如，在直播中的色彩搭配应该与品牌调性一致，或者与直播的主题相吻合。这种协调的色彩选择将有助于建立统一的视觉风格，提升直播的整体质感，如图5-2所示。

　　（2）灯光设计：灯光的设计也必须与直播间的软装相匹配，以确保视觉上的一致性。避免过度曝光或过于昏暗的灯光设置是至关重要的，因为这可能会影响观众的观看体验。需要特别注意的是，过于鲜艳或强烈的色彩可能会给观众带来刺激感，但在长时间观看后可能会让他们感到不舒服。因此，在视觉设计中，配色方案的选择尤为重要，应当谨慎考虑观众的舒适度。

　　（3）场景布置：场景布置在直播中扮演着重要角色，通过精心设计，可以突出直播主题和个性。这包括使用标志性的道具如标志和品牌吉祥物，以及展示主题氛围的背景板。

图5-2　视觉设计配色

如图5-3所示，整个直播间的布置仿佛让人置身于民国时期。比如使用民国时期的标志性元素，灯、桌椅等道具，让观众感受到浓郁的历史氛围。同时，通过服装与场景的巧妙融入，使直播间的品牌性与主题相得益彰。

在特殊节日或品牌活动期间，直播间的场景布置也是吸引观众的关键。例如，中秋节直播可以用兔子灯、月饼等元素，增加节庆氛围；新年直播可以用红灯笼、品牌主题活动文字等元素，彰显节日气氛。这样的场景布置能让观众产生共鸣和参与感，提高直播间的互动性和吸引力。

因此，合理运用场景布置，展示品牌性、节庆性或与主题相关的元素，能够有效增强观众对主题的认知和情感共鸣，从而提升直播间的吸引力和影响力，使直播效果更具个性和独特魅力。

背景氛围KT板采用了传统观众熟知的深红色和松竹梅图案，为直播间营造了浓厚的氛围。这样的设计给人一种极强的代入感，让观众仿佛置身其中，如图5-4所示。

为了与背景KT板内容相呼应，在直播间中使用前景实物道具，如桌椅陈设、地毯等，以实物摆放的形式来搭建配套的前景。这样的设计延伸了背景KT板的主题，使整个直播间更加完整和协调，如图5-5所示。

（4）音效和音乐：音效和音乐在直播间中起着重要的作用，它们能够调动整体气氛和情绪。这些音效和音乐通常与人们在日常生活中形成的肌肉记忆紧密相连。例如，开业会有礼花声和爆竹声，精彩部分会有掌声和欢呼声，超市促销会播放DJ音乐，春节联欢晚会奏响《难忘今宵》。因此，在直播间中选择与主题相符的背景音乐，或者在特定场景中添加合适的音

图5-3　场景布置

图5-4　背景板

图5-5　前景道具

效，能够更生动和有趣地营造出听觉体验，激发观众的潜在情绪。

（5）互动元素：为了增加观众的参与感和娱乐性，让他们更久地留在直播间内，可以设置互动元素。通过投票、问答、抽奖等互动环节，增加观众的整体情绪，鼓励他们积极参与，并提升直播间的互动性和吸引力。例如，超市促销会开展优惠活动，现场免费领取鸡蛋的活动总是吸引着人们排起长队。如图5-6所示，通过合理运用音效、音乐和互动元素，直播间能够更好地调动观众的情绪和参与度，提升直播的吸引力和娱乐性。这样的营造将使观众更加享受直播过程，留下深刻的印象，从而增加对品牌或产品的认知度和好感度，达到直播的宣传和推广目的。

（6）直播间的人物形象：直播间的人物形象是整体环境营造的重要组成部分。主播作为直播间的主要环境营造者，在画面中占据着60%以上的比例，因此主播的形象将直接影响观众的第一印象。

首先是服装选择，主播的服装应与直播内容和场景相符。例如，如果直播内容涉及时尚和美妆，主播可以选择时尚潮流的服装，展示最新的时尚趋势。如果是健身和运动相关的直播，主播可以选择运动服装，突出活力和健康的形象。若主播服装与场景不协调，会使直播间显得不协调，从而导致观众流失率的提升。

其次是化妆风格，主播的化妆风格需要根据直播的主题做出相应调整。在美妆直播中，主播可以展示各种化妆技巧，并通过精心打造的妆容示范吸引观众的注意力，而在健康生活直播中，主播可以选择自然淡妆，突出健康和自然的形象。

最后是造型搭配，主播的整体造型需要考虑与主题相符。这包括发型、配饰和鞋子等方面。主播可以选择适合直播内容和主题的发型，搭配合适的配饰和鞋子，营造出整体协调的形象。

因此，直播间的人物形象是直播环境营造的关键要素，主要通过服装、化妆风格和造型搭配的整体打造而构成。主播的形象不仅给观众留下第一印象，还能增加观众的兴趣和亲近感，从而提升直播的吸引力和观众参与度。

图5-6　互动元素

第三节　主播话术的提炼

一、提炼卖点的话术

一个出色的主播需要精心提炼出卖点话术，好的话术能够帮助你突出产品或服务特点，并且吸引观众的注意力，促使他们产生购买或参与的意愿。我们将话术提炼分为：明确目标受众、话术简洁明了、突出关键信息、产品结合互动提升用户参与度这四个部分。

第一，明确目标受众。通过市场调查和分析，了解你的目标受众是谁，了解他们的需求和兴趣。这将帮助你确定哪些卖点对他们最具吸引力和价值。知道受众的喜好和需求，能够更精准地定位话术内容，让观众产生共鸣。

第二，话术应该简洁明了。能够在短时间内传达核心信息，引起观众的兴趣和注意力。避免使用过于复杂或晦涩的词汇，用简单直接的语言来表达卖点。简洁明了的话术更容易被记住和传播，有利于在直播中产生更大的影响。

第三，突出关键信息。在话术中突出关键的卖点信息，让观众一眼就能够明白产品或内容的优势和价值所在。使用强调词汇、形象的比喻或实际的案例来加强卖点效果。突出关键信息能够增加话术的说服力，让观众更愿意接受和相信你所呈现的内容。

第四，产品结合互动提升用户参与度。引导观众参与并与他们建立互动。可以通过提问、征求意见或邀请他们分享相关经验等方式，进一步加强卖点的吸引力和说服力。互动能够增加观众的参与感和参与度，让他们更乐于留在直播间并深入了解产品或内容。

例如，假设直播主题是腕表新品发布，卖点包括时尚潮流的造型、高品质钢材表带和独特的夜光设计。可以运用以下话术："大家好！今天我非常开心地向大家介绍我们最新的产品系列。它们融合了时尚潮流、高品质和独特设计的元素，无论你是追求时尚的年轻人还是对品质有苛刻要求的人群，这些产品都能完美满足你的需求。让我向你展示它们的精彩之处，并告诉你为什么它们会成为你的新宠！"

以上案例清晰明了地提炼出了产品的主要卖点，并通过简洁的语言和积极的态度吸引观众的兴趣和参与。在提炼话术卖点时要注重与观众建立连接，让他们能够感受到产品或内容的独特魅力和价值。这样的精心打造能够帮助你成为一个优秀的主播，并在直播中更加吸引观众。

此外，为了增加观众在直播间停留的时间，除了直播间的布置外，还可以在话术中强调以下内容来增加观众的停留时间。

售卖的货品和优惠福利：在话术中突出直播间实际售卖的货品和优惠福利，让观众感受到购买的价值和实惠。例如，强调限时折扣、独家特惠或附赠的礼品等，吸引观众留下并购买。

娱乐内容和互动活动：在话术中介绍直播间提供的娱乐内容和互动活动，如抽奖、游戏、投票等。这些互动元素能够增加观众的参与感和娱乐性，使他们更愿意在直播间内逗留。

提供有价值的信息和内容：在话术中分享有关产品或服务的价值信息，例如，使用技巧、实际案例或行业知识等。这样能够吸引观众的注意力，并让他们觉得在直播间内获得了有用的信息。

回应观众的提问和意见：积极回应观众的提问和意见，展示对观众的关注和重视。这种互动能够增强观众的参与感和忠诚度，使他们更倾向于在直播间内与主播互动并留下来。

因此，通过在话术中突出售卖的货品和优惠福利、提供娱乐内容和互动活动、分享有价值的信息以及回应观众的提问和意见，可以有效增加观众在直播间内停留的时间。这些策略将帮助主播吸引更多观众，并提升直播的互动性和吸引力。

🔗 资源链接：直播间话术技巧

二、添加关注话术

为了有效引导观众关注直播间并提升粉丝的购买力，我们可以采取以下策略。

强调粉丝的专属福利：在直播间中强调粉丝独有的福利，如会员特权、优惠折扣或限量商品等，吸引路人或观众转化为粉丝，享受这些特殊待遇。这样能够激发观众的购买欲望，提升他们在直播间内的消费能力。

趣味关注口播：设置趣味关注口播，通过有趣、吸引人的方式引导观众点击关注按钮。可以使用口号、独特的语调或音效，创造出与众不同的直播间风格，吸引观众的注意力，让他们主动关注并留下来。

建立亲切的用户关系：将观众视为家人，快速响应他们的需求和问题，展示出真诚和关怀的态度。与观众建立互动，回应他们的留言和评论，让他们感受到被重视。这种亲切的互动能够增强观众的忠诚度，提升他们的购买力。

突出独特卖点：在众多直播间中，通过突出独特的卖点或特色，帮助商家在观众中脱颖而出。可以是特殊的产品、独家合作、创新的活动或特别的服务，吸引观众关注并留下来。这样能够吸引更多的观众成为粉丝，并形成稳定的私域流量。

通过强调粉丝的专属福利、设置趣味关注口播、建立亲切的用户关系和突出独特卖点，我们可以有效引导观众关注直播间，并提升他们的购买力。这些策略将帮助商家与观众建立紧密的互动关系，培养粉丝群体，从而增加销售和业绩。

🔗 资源链接：添加关注的玩法话术

三、增加评论话术

为了增加直播间的评论互动，可以采用以下八个技巧。

（1）鼓励观众积极参与：主播可以积极鼓励观众提出自己的意见、感受或问题，例如说："大家有什么想说的？快来评论区告诉我！"

（2）引导购买者回复：主播可以引导购买过商品的观众留下评论，分享他们的购买体验或使用感受，例如说：“如果您已经购买过本产品，请您给大家分享一下商品感受吧！”

（3）提供评论福利：承诺给予评论者一些特别的福利或奖励，如抽奖机会、优惠码或赠品。主播可以说：“每位在评论区留言的观众都有机会参与我们的抽奖活动，赢取惊喜大奖哦！”

（4）引发热门话题：在直播间中提及当前热门的话题或流行事件，引发观众的讨论和评论。例如说：“宝宝们对最新发布的时尚款式有什么看法？快来评论区分享一下吧！”

（5）展示专业知识：主播可以展示自己的专业知识和经验，回答观众提出的问题，并鼓励他们在评论中继续提问，例如说：“如果宝宝对这个主题还有任何疑问，欢迎在评论区提出，我会尽力解答！”

（6）讲述故事吸引关注：通过讲述有趣或感人的故事吸引观众的关注，并邀请他们在评论中分享自己的相关经历，例如说：“今天我要给大家讲一个让我难忘的故事，你们有没有类似的经历呢？快来评论区留言！”

（7）主动回答观众问题：主播可以主动寻找观众的问题并在直播间中回答，让观众感受到关心和关注，例如说：“我看到评论区有宝宝问了一个很好的问题，关于xxx”，然后主播进行解答并鼓励其他观众继续提问。

（8）设立问答环节：设置一些有趣的问答环节，正确回答问题的观众可以获得奖励或特殊福利，这样能够吸引观众积极参与并留下评论。主播可以说：“我有一个有趣的问题要问下各位直播间的宝宝们，回答正确的宝宝将有机会领取特殊福利。”

通过采用上述八个技巧，可以有效增加直播间的评论互动，让观众更积极地参与，并提升直播间的活跃度和吸引力。这些策略将帮助增加粉丝互动，提高观众留存率，并为商家带来更多的销售和业绩。

资源链接：添加评论话术

四、价格介绍话术

在直播间中，商品价格是否“够优惠”是用户非常感兴趣的方面。为了突显优惠的吸引力，可以采用全网对比或专属优惠的话术形式，让用户感知到优惠力度。此外，也可以设置“较为容易达到的条件门槛”，以刺激客户下单购买。这样的策略将促使用户更积极地参与，并为直播间带来更多的销售。

资源链接：价格介绍话术

五、上下链接话术

在直播间中，上下链接的话术是实现成单转化的关键步骤，因此需要营造恰到好处的氛围。在上链接时，可以利用倒计时来营造紧张的氛围，让观众感受到时间的紧迫感，从而激发他们的购买欲望。同时，与观众巧妙地互动也是有效的策略，例如，让观众感觉自己正在争取到优惠或砍价成功，这样能够增加观众的参与感和紧迫感。

在下链接时，倒计时和报货品数量等策略可以制造购买的紧张感，促使观众做出消费决策。倒计时的紧迫感让观众明白时间紧迫，有限的商品数量提示观众商品紧缺，从而引发观众的购买。

通过精心设计的上下链接的话术，可以有效地营造氛围，引导观众转化为实际的购买行为。在上链接时营造紧张感和互动，让观众感受到特别的优惠和价值；在下链接时通过倒计时和商品数量的呈现，创造购买紧迫感，激发观众的购买欲望，从而提升成单转化率。这样的策略将增加直播间的销售效果，吸引更多观众参与，提高观众的购买意愿，为直播间带来更好的销售成绩。

📎 资源链接：上下链接话术

六、用户下单话术

直播间的即时性和互动性为打造卖场氛围提供了良好的机会。通过直播间的即时性和互动性，可以有效地创造卖场氛围，促进观众的成单速度。及时解答疑问、消除购买顾虑，预告福利、刺激非理性消费以及与观众互动回复评论等策略，都有助于加速成单并提供良好的购买体验。这样的策略将增强观众的购买意愿，增加直播间的销售效果，提高观众的满意度，为直播间带来更好的成绩。

📎 资源链接：用户下单话术

本章总结

本章节重点讲述在网络直播间中，为了提升销售效果和观众参与度，需要关注的注意事项。首先，商品关键点提炼，需要突出商品的特点和价值，并通过合适的音效和音乐，以及互动元素如投票、问答、抽奖等，调动观众的情绪和参与感。其次，主播的形象非常重要，包括服装选择、化妆风格和造型搭配，需要营造与直播间相互衬托的形象。此外，精练的话术卖点也不可忽视，需要用简洁明了的语言传达核心信息，突出产品或服务的特点，增加观众的兴趣和购买意愿。

课后作业

请自由选择你的品类，以直播场景为背景，结合本章节关键点，设计一份直播策划方案。

（1）选择一个具体的产品或服务作为直播的主题，例如，时尚饰品、美妆产品或健康食品等。

（2）商品关键点提炼：明确该产品的特点、优势和价值，并从中挑选出三个最吸引人的卖点。

（3）营造氛围和情绪：思考如何通过音效、音乐以及互动元素（投票、问答、抽奖等）来调动观众的情绪和参与感。

（4）主播形象打造：设想主播的服装、化妆风格和造型搭配，与直播内容和主题相符，营造出与直播间相互衬托的形象。

（5）精练的话术卖点：构思几个简洁明了的话术，突出产品的特点和优势，引发观众的兴趣和购买意愿。

（6）观众参与策略：设计几个具体的观众参与策略，例如，引导观众关注直播间、增加评论、设置上下链接等，以增强他们的参与度和购买动机。

总结整个策划方案，说明如何运用关键点提升销售效果和观众参与度。

思考拓展

我们可以进一步探讨如何运用更具创意和个性化的方法来提升直播间的销售效果和观众参与度。

课程资源链接

课件、资源拓展

第六章　脚本策划

第一节　直播脚本

一场直播就像一场活动，需要有计划，无论是团队还是个人，在进行直播时，都需要制定一份详细的直播脚本。直播的脚本会涉及直播计划、开播时长、直播目标、直播主题、直播排品、直播分工、主播话术等，如图6-1所示。

1. 直播计划

每场直播前，我们都需要先制定计划。包含直播时长、直播日期、直播推荐的产品、产品数量、与用户互动的内容、福利等信息。这些都需要在直播开始前准备好并进行演练。同时，需要准备好单品的脚本，并对每个产品做好相应的描述和介绍，确保直播能顺利完成。

2. 开播时长

关于直播的时间规划，建议要每天设定稳定且固定的时间，不可随意调整时间，随意调整时间会导致用户无法对商家的直播形成固定印象，长时间的停播不仅会造成用户的流失，还会让平台感觉你的不稳定。建议单场直播不要低于两小时，低于两小时的直播，官方平台会降低权重，也不利用用户累积。

众所周知，直播的时长对产品曝光量、用户累积速度、直播收益等方面会产生重要的影响。因此，建议每天能准时开播，能帮助用户养成观看习惯，直播尾声建议及时预告第二天的直播内容，让用户持续关注，培养用户观看习惯，还能让用户对主播直播内容产生期待。不过一味地拉长直播时间也只是在进行无价值的直播输出。例如，镜头前无主播，主播吃

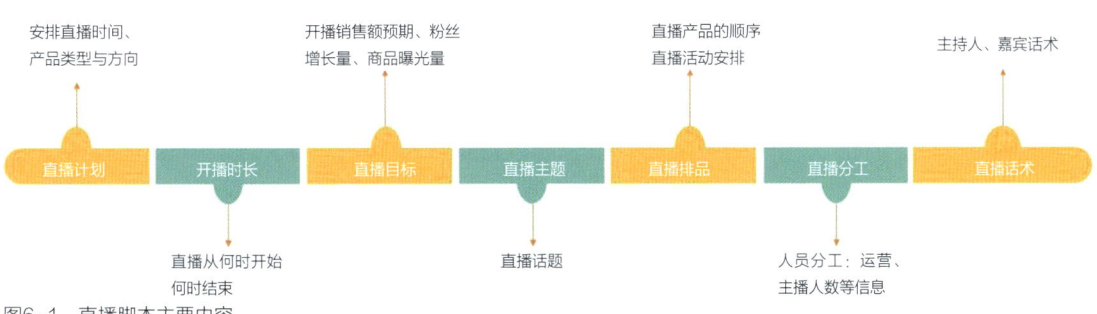

图6-1　直播脚本主要内容

饭等拖延事件的行为，这样不仅不会有曝光量，还会增加用户的流失，因此，在保障直播时长的同时，也需要保障直播内容的质量。

3. 直播目标

每场直播都需要明确的目标，这是确保活动成功的关键之一。目标不仅有助于你和你的团队明确方向，还能帮助你在后续评估中确定是否达到了预期的结果。不同的直播目标可能包括提高品牌知名度、增加销售、与观众建立更紧密的互动关系、分享有价值的信息或提供娱乐性内容。无论你的目标是什么，都应该在策划和执行过程中对其进行明确的定义，并采取相应的措施来实现它们。只有通过明确的目标，你才能更有效地吸引和满足你的受众，确保每场直播都能够取得可观的成果。因此，在开始任何直播活动之前，请务必花时间思考和确定你的目标，这将有助于你取得成功。

4. 直播主题

每场直播都需要确定主题，这个主题是用户了解整场直播的核心，整场直播都需要围绕这个主题展开。直播主题的标题应简洁明了，将关键词放在标题的最前面，以便用户清晰了解直播的主题。例如，突出手机的硬件配置、摄像头升级、全新功能演示等。同时，标题不宜过长，以免无法完全显示在页面上，也难以突出重点。此外，避免使用禁忌词汇，如虚假宣传相关的词语，如"万能""绝无仅有""销量冠军"等宣传性词汇。如何让自己的直播主题更吸引用户，我们可以参考以下两点。

（1）利用热点

热点的意义是引起大量关注和流量，其特点是高关注度和吸引力。利用热点进行直播能够轻松吸引粉丝，同时主播和品牌也能通过热点传播。因此，在策划直播内容时，必须时刻关注市场的发展和变化趋势，特别是市场热点。

例如，春节时，一位知名网红在其社交媒体上发布了一条视频，推荐了一家特色年货店，视频瞬间在全网走红。这家年货店不仅在传统节庆风俗中有独特之处，而且产品种类丰富，从传统的年糕、饺子到现代创意的年货礼盒，应有尽有。网红通过生动形象的描述和品尝过程，成功吸引了大量观众的注意。

因此，这家特色年货店迅速成为春节期间备受瞩目的热门店铺，其传统美食和创意年货受到了消费者的高度认可。不仅是实体店，连附近的小摊贩也因其特色产品而备受欢迎。网友们纷纷在社交媒体上分享他们在这家店购物的愉快经历，推动了店铺的口碑传播。同时，这家年货店所在城市的丰富文化底蕴、景点众多的特点，也使得这个城市在春节期间成为游客们的热门目的地，极大地推动了当地旅游业的繁荣。

这条走红的视频不仅为知名网红带来了更多的粉丝和关注，也使得这家特色年货店在春节期间取得了亮眼的业绩。

（2）利用关键热词做噱头

热词是根据平台算法将大量相关视频分类，同时也是重要的流量来源。在策划直播时，我们可以利用热点关键词作为噱头，因为热点词汇往往往是最具吸引力的。在今天互联网发达的环境下，热点词和事件往往能够推动传播和分享。

例如，与"新年"相关的热词对联、新年装饰挂件等，如图6-2所示。

5. 直播排品

直播排品是指在进行直播时，合理安排和组织直播内容的过程，以确保直播的流畅性、吸引力和连贯性。以下是典型的直播排品方式：

首先，确定直播的整体主题，明确要传达的信息或目标，并选择与目标受众相关的话题。关注观众的兴趣点，以提高直播的吸引力。其次，要标注直播周期、日期、时长。根据直播内容的复杂性和长度，合理安排直播时间。避免直播时间过长或过短，以免观众失去兴趣或无法完整接收信息。同时，考虑考虑观众的在线时间，选择最适合观众参与的时间段进行直播。

图6-2　热词案例

通过遵循以上直播排品的要点，主播可以打造出有条理、吸引人的直播内容。这样能够提高观众的参与度和回头率，为他们提供有价值的直播体验。不断优化和改进直播排品，使其更符合观众需求，提升直播的效果和影响力，如图6-3所示。

🔗 资源链接：TikTok年中促销直播排品

6. 直播分工

一个成熟优秀的直播脚本，必须调配好团队成员间的分工配合，这样才能让直播有条不紊地进行。我们需要注意各个人员的分工，以及职能上的相互配合。例如，主播负责引导用户关注、介绍产品、解释活动规则，直播助理负责演示下单流程和给主播递品，直播运营负责关注流量，调整主播话术及互动，发放优惠信息等客服负责修改商品价格、与用户沟通订单等，见表6-1。

表6-1　　　　　　　　　　直播间基础人员工作安排

直播间基础人员工作安排		
人员安排	主播	1. 主播需要控制直播节奏和互动，并通过引导操作和五连（关注、加粉、分享、点赞、互动评论）来提升用户参与度。 2. 在直播中，主播从产品卖点切入，描述产品性能和产品配搭知识等话术来讲解产品，介绍适用场景并与其他产品进行价格对比。同时，主播会提及产品的痛点，展示产品的卖点，并展示质检证书、粉丝图片反馈、销量和店铺评价等证据。还需要提供售后保证，并解答常见问题和注意事项。此外，主播要适时预告下一款产品，最后，需要说明适应人群，并引导操作和互动

续表

直播间基础人员工作安排		
人员安排	运营	1. 负责确认产品的上架情况，在开播讲解后提示产品的上架进度和库存情况，并在下单成功后实时报告所剩库存数，营造出销售火爆的紧张氛围。 2. 进行开播测试，编辑直播间标题和封面，选择合适的直播背景音乐，并负责烘托现场气氛。 3. 通过推广投放流量，实时掌握数据并进行把控
	中控	1. 与粉丝进行互动，引导他们关注并参与弹幕互动。 2. 通过弹幕讲解商品，并维护商品的信息更新。 3. 回复客服问题并配合主播，共同营造现场气氛。倒计时提醒活动结束

7. 直播话术

主播的工作看起来很简单，但其实一场直播需要主播高度的注意力，临场反应能力，良好的精神状态。一般首次进行直播的主播，都会很紧张，大部分人并不知道如何有效地进行直播，我们可以使用一些关键的话术技巧，帮助主播与观众建立良好的互动，提升直播效果。以下是一些直播话术要点。

（1）打招呼与引入：热情地欢迎观众，介绍自己和直播主题，并概述即将进行的内容，激发观众兴趣。例如，"欢迎宝宝们来到我的直播间，我是一名新主播，今天是第一次直播，希望宝宝们能多多捧场哦！"当我们第一次做直播可能没什么经验，那就大方地告诉粉丝，反而能吸一波粉。

（2）提问与鼓励互动：提出问题引导观众参与互动，询问观众的看法或经验。鼓励留言、点赞和分享，增加互动和直播的曝光度。

（3）回答问题与解答疑惑：细心倾听观众问题和疑虑，并尽快给予明确回答。使用简洁明了的语言解释复杂概念，确保观众理解。

（4）讲解与演示：清晰地表达主题核心要点，避免过多专业术语。结合图表、案例或实际操作演示，以生动有趣的方式传达信息。

（5）引导观众行动：告知观众下一步行动，如订阅频道、关注社交媒体或参与活动。提供相关链接或二维码，方便观众进行后续操作。

（6）感谢与道别：表达对观众的感谢，感谢他们的支持与参与。简洁地道别，并提醒观众下次直播的时间和主题。

这些直播话术技巧可以帮助主播更好地与观众互动、传达信息，并增加直播的吸引力和影响力。通过不断实践和改进，主播可以培养出独特的直播风格，吸引更多用户的关注与参与。

除了以上的几点，还需要注意直播间脚本的灵活性。每次直播可以根据内容做相应的变化，因此最好每场直播都制定一份脚本。另外，建议以周为单位，每周更换一次玩法，这样你的脚本才能真正发挥效用，为你的直播打好基础。

第二节　直播脚本通用模板

为了以更直观的方式呈现直播脚本内容，建议使用表格形式来制作脚本，如图6-4所示。

需要说明的是，并不是所有类型的脚本都需要严格按照样例脚本内容来制作，可以适当调整脚本里面的内容，以匹配商品。

📎 资源链接：某女装产品的直播脚本

第三节　短视频脚本

在制作短视频脚本之前，我们需要掌握短视频制作的流程：确定选题、撰写脚本、拍摄、后期制作、上线投放，几乎所有类型的短视频都会经历以上制作流程，如图6-3所示。

（1）确定选题：确定要制作的短视频主题或内容。

（2）撰写脚本：在确定选题后，编写一个脚本或大纲来规划视频的内容和结构。脚本应该包括场景、对话、配乐等元素。

（3）拍摄：准备好所需的拍摄设备，如摄像机、麦克风和照明设备等。根据脚本和计划开始拍摄。确保拍摄过程中注意摄影技巧、音频质量和光线等因素。

（4）后期制作：在拍摄完成后，将素材导入计算机，并使用视频编辑软件进行后期制作。而短视频的后期需要围绕剪辑、调整颜色、添加特效、音频处理、字幕等环节展开。

（5）上线投放：完成后期制作后，将视频导出为适当的格式，并上传到已选择的平台，如快手、抖音等。确保选择合适的标题、标签和描述来优化视频的可搜索性和吸引力。

当然这五个步骤只是一般的短视频制作流程，具体的步骤和流程可能会根据项目的要求和个人偏好而有所不同。

一、短视频选题

任何一部短视频作品，都是一个具体的思想表达。这个思想表达可以是具象的，如探索人类情感、传递社会问题的重要性、揭示自然美景的壮丽等；也可以是抽象的，如表达关于人生意义、自我成长、社会正义等主题的深刻思考。无论是具象还是抽象的思想表达，短视频都可以通过以下方式来实现。

图6-3　短视频脚本制作流程

探索人类情感、社会问题和自然美景：短视频可以具象地表达探索人类情感、传递社会问题的重要性，以及揭示自然美景的壮丽。这些具象的主题能够引发观众的共鸣和思考。

生活技巧：制作一系列教人们实用的生活技巧，如烹饪技巧、清洁技巧和DIY技巧等。这样的视频通常易于吸引观众，因为人们喜欢学习新的方法来简化生活并提高效率。

旅行和探索：拍摄各种旅行短视频，展示美丽的风景、当地文化和历史遗迹等。这种类型的视频可以激发人们的好奇心，并帮助他们了解世界各地的不同之处。

搞笑和幽默：制作有趣、搞笑的短视频，让观众开心一笑。这些视频可以是滑稽的场景、搞怪的表演或者是与日常生活有趣互动的片段。

健身和运动：分享健身和运动技巧的短视频，包括瑜伽、HIIT、有氧运动等。这种类型的视频对于那些想要改善健康和身体素质的人来说，非常有吸引力。

教育和知识：制作涵盖各种知识领域的短视频，如科学、历史、艺术等。这样的视频可以是有趣的事实、解释复杂概念或者是对特定主题的深入探讨。

音乐和舞蹈：拍摄音乐表演或舞蹈表演的短视频。这种类型的视频可以展示音乐家或舞者的才华，同时也能让观众享受音乐和舞蹈的美妙。

具象的选题内容非常具体，可以采用一些具体的描述展开话题，而抽象的选题则更擅长描述感受，感动、体会等话题，如图6-4所示。

但是在选择选题时，要考虑自己的热情和能力，以便能够制作出高质量的内容。这些只是一些选题的示例，你可以根据自己的兴趣和目标受众选择适合的短视频选题。

二、撰写脚本

脚本内容撰写分为2个类型：10～20秒短脚本和20～60秒长脚本。在短视频中，视觉和感官要起到重要的作用；而在长视频中，需要更多的文字来解释事件，但仍要保持意想不到的反差。脚本文案长度应在40～80个字之间，并能精确传达故事和事件。短视频脚本格式，如表6-2所示。

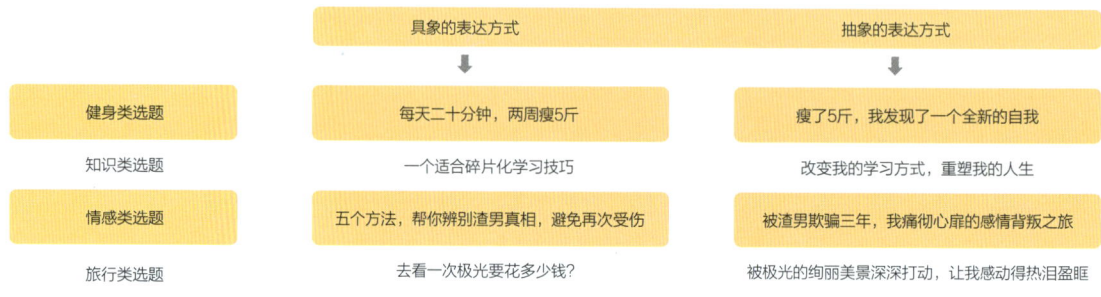

	具象的表达方式	抽象的表达方式
健身类选题	每天二十分钟，两周瘦5斤	瘦了5斤，我发现了一个全新的自我
知识类选题	一个适合碎片化学习技巧	改变我的学习方式，重塑我的人生
情感类选题	五个方法，帮你辨别渣男真相，避免再次受伤	被渣男欺骗三年，我痛彻心扉的感情背叛之旅
旅行类选题	去看一次极光要花多少钱？	被极光的绚丽美景深深打动，让我感动得热泪盈眶

图6-4　具象的选题内容与抽象的选题内容

表6-2　　　　　　　　　　短视频脚本格式

片名:《XXXXXXXXX》拍摄脚本

镜头时间	拍摄序号	拍摄手法（平、仰、高、俯、跟）	景别（中、远、近、特、侧）	拍摄画面（内容概括）	拍摄地点	道具	声音
仅限拍摄部分，实际操作中，据实际情况调整							

三、短视频标题文案格式

　　短视频的标题文案可以采用两种格式。第一种格式是将标题制作在视频开头部分，通常占用两行空间，字符数量在15~20个。这样的标题具有醒目的特点，但由于文字量有限，不能太长。第二种格式是当视频作品没有制作封面标题文字时，视频左下角的引言将成为视频标题，字符数量在40~55个。这样的标题虽然不够醒目，但可以承载更多的信息。它能够为转折故事提供丰富的标题内容。无论采用哪种格式，标题都扮演着重要的角色，能够吸引观众的注意力并传达故事的核心，如图6-5所示。

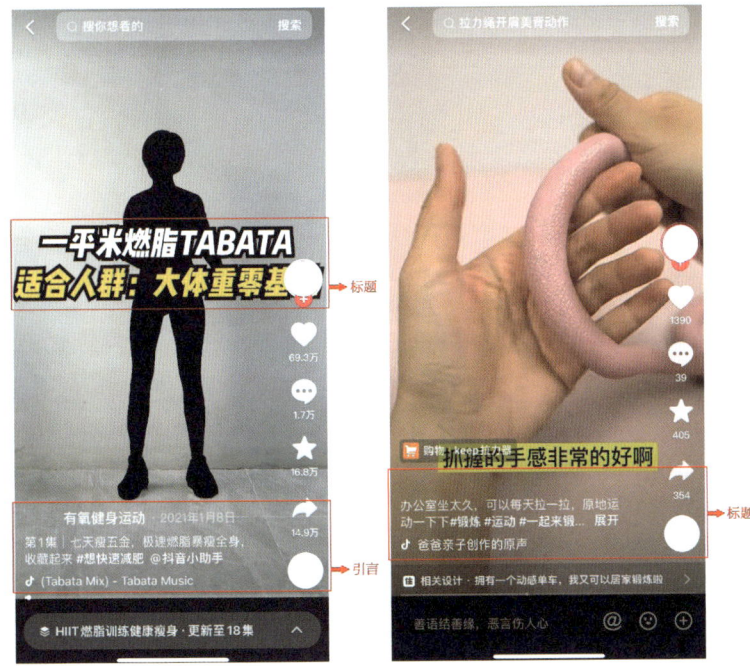

图6-5　短视频标题样式

四、短视频标题文案的创作手法

短视频标题在短视频制作中是关键环节，一个好的标题能为短视频带来意想不到的效果。想要撰写出爆款标题，我们需要从三个方面进行入手。

1. 明确主题

对于短视频创作者来说，最重要的就是确定主题，这一点非常重要。一个好的短视频，除了要有好的内容以外，还需要有一个好的主题。

结合产品特性：例如，美妆博主可以分享自己使用过的产品和使用方法，吸引粉丝对该产品产生兴趣。

结合产品卖点：美妆博主可以结合自己产品的卖点，分享使用技巧和搭配方法，激发粉丝购买欲望。

结合用户需求：美食博主可以分享自己制作美食的步骤和技巧，让粉丝了解美食制作过程。

2. 建立独特标签

（1）给短视频建立独特的标签，让观众对视频留下深刻印象。标签可以是一个小情节或特殊场景，例如，使用类似于"我用五年时间把自己活成了一道光"或"我用两年时间学会了一门手艺"为标签。还可以借鉴其他热门视频的标签，或根据个人喜好和特点创建属于自己的风格标签。

（2）掌握叙事方法：在短视频创作中，采用叙事方法来制作短视频会非常受欢迎。

（3）讲述故事法：通过镜头向观众讲述想要表达的故事，需要选择合适的镜头和方式来讲述故事。

（4）剧情演绎法：根据视频内容设计剧情，适用于较复杂或抽象的视频。这种方法适合展示简单剧情但需要塑造人物性格。

（5）选择适当的镜头和方式：根据主题选择镜头和方式。例如，使用人物讲述法来展示某个人的某一面，如职业或生活状态。

3. 使用吸引人的标题文案

标题是吸引观众的关键，可以尝试以下几种手法。

（1）问题引发好奇：使用引人注目的问题作为标题，激发观众的好奇心。

（2）引用名言或流行语：引用名言或当前流行语句，使标题更具吸引力，产生共鸣或联想。

（3）争议性观点：提出具有争议性的观点或看法，激发讨论和兴趣。

强调结果或好处：突出视频中所呈现的结果或好处，让观众明确知道他们可以从视频中获得什么。

（4）使用数字和统计数据：在标题中使用具体的数字和统计数据，给观众提供清晰的期望和实用价值。

（5）利用幽默和双关：使用幽默和双关的手法，使标题更加引人注目和有趣，从而吸引观众的注意力。

在创作短视频标题文案时，标题的简洁性，不仅能够吸引观众的注意力，还能传达视频的核心内容和吸引力。此外，适当结合视觉元素和配图，可以进一步提升标题的吸引力和点击率。不同的创作手法适用于不同类型的视频和目标观众群体，因此需要根据视频内容和目标受众选择合适的创作手法，创造出引人注目的短视频标题文案。

本章总结

通过本章节的学习，我们可以掌握直播脚本和短视频脚本创作的技巧与方法。在实施任务时，首先需要了解直播和短视频的制作流程和要求，其次进行脚本撰写。在撰写脚本的同时需要考虑直播和短视频的特点，完成脚本后，进行适当的修改和审校，确保语言流畅准确。

课后作业

请选择自己感兴趣的主题，或者你熟悉的领域，完成短视频脚本撰写。

思考拓展

在创作过程中，需要关注受众群体的喜好和需求，根据不同的主题和内容选择适合的表现形式和语言风格。同时，积累经验和不断学习也是提高脚本创作能力的重要途径。

课程资源链接

课件、资源拓展

第七章 玩转流量

第一节　关于流量

　　网络直播一定要学会引流，流量在哪里，销售就在哪里，直播的基础就是流量。没有流量的直播，就如同空中楼阁，任你产品再好，主播再厉害，直播策划再完美，一切都是空谈。下面我们来谈谈直播的流量来源。

　　除了付费流量以外，直播间的主要流量来源可以是账号的短视频作品及图文作品。短视频和图文作品引流是指通过制作优质的短视频内容或图文信息来吸引观众进入直播间从而进行高质量的引流。这种视频、图文可以发布在各种视频分享平台上，如抖音、快手、小红书、B站等，如图7-1所示。

图7-1　各种视频分享平台

第二节　引流短视频

　　引流短视频是为直播间引流专门设计的，它与其他短视频有本质的区别。首先，引流短视频发布时间与普通短视频发布时间不同，引流短视频一般在直播前一小时发布，这样我们的短视频才能起到通知直播的作用，才能指引用户进入直播间，如果按照一般短视频发布，自然也会有曝光量，但没开播用户看不到我们闪烁的头像，自然也不会进入直播间，如果，直播结束之后发布短视频也会起到引流的作用。其次，短视频制作的内容不能脱离直播内容本身，假设你的账号是卖服装的，那么在开播前的引流短视频内容需要围绕新品和应季产品展开，短视频封面特点突出，发布时的话题要与产品品牌相关。

　　引流短视频是成本最低的引流方法。我们可以使用固定拍摄模式，快速拍摄短视频，只要发布就会曝光，当然也能直接看到引流效果。在抖音我们可以直接看到有多少用户是通过短视频而进入我们直播间的，也可以直观地知道有多少人看过我们发布的短视频。

　　对于引流短视频内容制作部分，其实可以是直播间产品的开箱视频，主要用于展示产品，采用直播预告的形式，如直播时间，嘉宾、福利等。也可以使用文字去制作短视频内容，主要展示直播间的产品信息、直播信息、直播间福利等。当然产品展示视频也是非常重要的，但一定要在短视频中表达清楚我们在做什么、我们的优势是什么。例如，直播间是卖海鲜的，如果当天要卖的产品是生蚝，引流视频内容就围绕捞生蚝，边捞边展示生蚝，并且要注明现场打包快递，新鲜直采。引流短视频的最后一个环节就是结尾，我们是需要好好规划结尾，引导用户点赞和收藏。例如，利用口播形式去引导用户点赞收藏或者利用动画形式去引导用户点赞收藏。

　　直播间引流的短视频制作有以下三个特点，如图7-2所示。

　　（1）在直播间，短视频时间通常很短，一般在30～60秒，甚至更短，主要考虑短视频的完播率。

　　（2）直播间的短视频作品主要围绕产品展开，以带货为核心展示要点，强调产品的特点。这些短视频作品包括开箱视频、功能视频等，旨在突出产品的亮点和优势。

　　（3）为了获得更多的流量，直播间的短视频更新频率会更加密集。在直播开始前，会连续发布4～8条与产品相关的短视频内容，以吸引更多用户来到直播间观看。通过频繁更新，增加了直播间的曝光度，进而吸引更多潜在观众的参与。

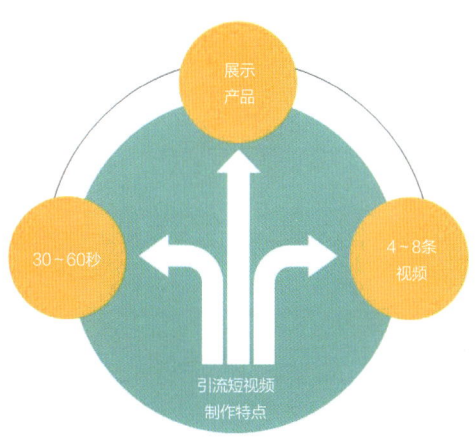

图7-2　引流短视频制作特点

🖇 资源链接：引流短视频案例

第三节　直播间流量

直播间的流量主要来源于4个渠道，分别是：平台流量、付费流量、免费流量、活动流量。

（1）平台流量是通过网络平台获取的用户访问量，对于网络营销和品牌推广都非常重要。在互联网营销中，平台流量是非常重要的一个概念，因为它直接影响到网络营销的效果和成本。

（2）在电商平台上，平台流量是指通过平台搜索、推荐、广告等方式吸引的用户访问量。这些用户访问电商平台上的店铺或商品页面，可以带来潜在的购买意愿和实际成交。

（3）在直播平台上，流量是指通过平台推荐或推广带来的观众访问量，这些观众可以通过直播间的内容和互动提高直播间的关注度和粉丝量。流量分为两种类型：平台流量和付费流量。

1）平台流量是指直播平台对于新主播或新账号的扶持，通常在第一次带货时提供。这种流量是免费获得的，直播平台通过推荐或推广帮助新主播吸引更多观众访问，从而提高直播间的曝光度和关注度。

2）付费流量则是通过投放广告、购买推广等方式获得的用户访问量，需要支付一定费用来获取。在电商平台上，付费流量可以通过购买广告位、投放推广等方式使店铺或商品获得更多曝光和点击量，从而提高销售量。在直播平台上，付费流量可以通过投放广告、购买推荐等方式帮助直播间吸引更多观众访问，提高关注度和曝光度。

3）免费流量是指通过其他渠道免费获得的流量，例如，通过社交媒体、自媒体、口碑传播等方式吸引观众进入直播间观看。这种流量是自发的，无需支付费用。在互联网营销中，免费流量是一种重要的获取用户流量的方式。

免费流量可以通过优化店铺或商品页面的SEO，提高自然搜索结果中的排名，从而获得更多的自然流量。在直播平台上，免费流量可以通过优化直播间的标题、标签、封面等元素，提高在平台内的搜索排名，吸引更多自然访问量。

免费流量还可以分为站内流量和站外流量。站内流量是指平台流量，而站外流量则主要通过自然搜索、社交媒体分享、口碑传播等方式获得的用户访问量。虽然不需要支付费用，但需要投入一定的时间和精力来进行优化和推广。

活动流量是指在特定的活动期间直播间所获取的流量。熟悉直播平台的人都了解，直播平台经常会举办各种活动，为直播间提供额外的流量支持，这些由平台举办活动带来的流量就是活动流量。例如，双十一这样的大型活动，直播间可以通过参与双十一活动吸引更多的用户进入直播间观看。这些流量通常是免费获得的，直播间可以通过参与活动来获取更多的流量和关注度。

在电商平台上，活动流量可以通过举办促销活动、特价活动等方式获得，吸引更多的用户前来浏览和购买商品，从而提高店铺或商品的销售量。

在直播平台上，活动流量可以通过举办打卡签到、送礼物、抽奖等活动获得，吸引更多的观众参与互动，从而提高直播间的关注度和粉丝量。

总的来说，流量在网络直播营销中是一个重要的指标。不同的流量获取方式可以相互结合，以达到更好的网络营销效果。然而，这同时也需要注重流量的质量，例如，用户的转化率、留存率等指标，以提高网络直播营销的效果和成本效益。

第四节 公域流量转化为私域流量

在介绍公域流量和私域流量之前，我们先来了解流量池。流量池指拥有巨大流量的平台，可以源源不断地获取客户渠道，例如，抖音、快手、百度、微博、淘宝等。这些平台都是流量池，能够吸引大量的用户访问和活跃。

根据流量池的属性不同，我们可以将流量分为两大类：公域流量和私域流量。

公域流量是指各大流量平台上的公共流量，属于大家共享的流量资源，而不属于任何特定的企业、品牌或个人。公域流量的范围非常广泛，包括抖音、淘宝、百度、大众点评、美团等等平台都属于公域流量。

私域流量是指企业或个人将平台流量或外部流量引导并存储起来，变成自主拥有的流量资源。这些私域流量包括已经购买过商品的用户、关注过直播间的用户、订阅了邮件的用户等。通过将公域流量转化为私域流量，可以提高用户的忠诚度和复购率，帮助企业或个人建立稳定的用户群体。

因此，对于企业或个人来说，同时兼顾公域流量和私域流量的获取是非常重要的。公域流量可以扩大曝光和推广，吸引更多新用户；而私域流量则更有利于与现有用户建立深度联系，提升用户价值，促进持续消费和忠诚度，如图7-3所示。

相对于公域流量，私域流量有五个优势，如图7-4所示。

图7-3 公域流量与私域流量对比

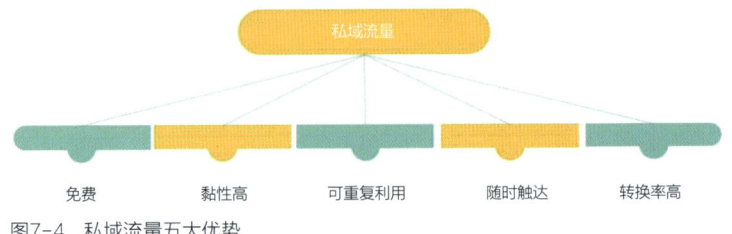

图7-4 私域流量五大优势

从上述内容中，我们可以得知，通过沉淀和积累的方式所获取的私域流量比公域流量更为精准且转化率更高，这些流量是企业、品牌或个人的私有数字化资产。在进行直播带货时，巧妙地将公域流量池中的流量引入私人流量池，将会提高带货能力，并且摆脱第三方平台的束缚，实现流量整合和成本降低。因此，在处理直播带货流量问题时，应注重积累私域流量。

将公域流量转化为私域流量需要采取多种手段，例如，提供优质内容、举办活动、社交媒体营销和个性化推荐等，吸引用户的关注和参与。在互动过程中，可以收集用户的联系方式，如电话号码、电子邮件地址等，从而建立稳定的私域流量。以下是一些将公域流量转化为私域流量的方法。

（1）提供优质内容。通过提供有价值的内容，如专业知识、实用技巧和行业资讯，吸引用户在直播中停留，并留下联系方式，转化为私域流量。

（2）举办活动。举办有趣、有意义的活动，如抽奖、优惠券、限时特惠等，吸引用户参与，通过活动方式收集联系方式，转化为私域流量。

（3）社交媒体营销。通过社交媒体平台与用户互动，分享优质内容，吸引用户留下联系方式，然后在直播中进行引导，将社交媒体上的公域流量转化为私域流量。

（4）个性化推荐。通过分析用户的浏览历史和购买记录等数据，提供个性化推荐服务，吸引用户购买和关注，收集联系方式，转化为私域流量。

对于直播带货来说，流量的重要性不言而喻，而流量的转化率更为重要，尤其对于刚开始尝试直播带货的主播而言，获取高转化率的流量是一项亟待解决的难题。在这方面，完美日记给我们提供了很好的示范。下面我们以完美日记为例，重点分析公域流量如何转化为私域流量。

完美日记是一家以美妆护肤为主打的知名品牌，其在每年的"618"和"双十一"促销期间销售量都会有显著增长。为了推动销售增长，他们采取了一系列策略。首先，他们在每年的3月、4月、8月和9月，在小红书上投放大量广告内容，重点放在春季和秋季。在3月和8月，主要发布新品预告，而在4月和9月则投放大量彩妆技巧教程。通过向知名博主投放优质内容，吸引用户产生大量笔记，并在天猫商城上架新品。这一系列方式成功地将公域流量转化为有购买意向和高转化率的私域流量，为后续的直播带货打下坚实基础。

此外，完美日记还充分利用直播活动来推动销售。他们在"618"和

"双十一"进行直播，从而促成天猫上的交易，并推动销售额的增长。购买完美日记产品的用户将获得一个可用于领取红包的二维码，通过扫码可以关注完美日记的公众号，并收到个人号"小丸子"的小程序和群聊推送。通过"小丸子"，完美日记发布一些优惠活动或攻略，将用户引导到不同的小程序，通过微信促活小程序提供高质量的内容，并在朋友圈中进行转化。

通过这些策略，完美日记成功地将公域流量转化为私域流量，与用户建立更紧密的关系，并通过不同的渠道和活动促进销售增长。他们充分利用社交媒体平台和直播形式，提供吸引人的内容和优惠，为用户创造与品牌互动的机会，从而打造了强大的品牌影响力和销售业绩。

值得注意的是，在采用这种方式积累私域流量时，一定要对自己做好精准的定位，并且这个定位一定要符合自己接下来带货的产品属性。只有这样，我们所累积的私域流量才会具有更高的转化率和更大的价值。建立私域流量并不是一劳永逸的事情，而想要避免私域流量的流失，在稳定持续引流的同时，主播还需要持续不断地向用户输出有价值的内容，不断与用户互动，建立起牢固的信任关系。

本章总结

本章主要讲解网络直播流量的获取和管理。为了吸引观众和增加流量，直播间可以利用引流短视频和图文作品，在视频分享平台发布优质内容，以引导观众进入直播间。在制作引流短视频时，需要关注时间安排、内容制作和结尾规划等方面的要素。同时，还介绍了如何将公域流量转化为私域流量的方法，这样不仅可以提高用户忠诚度和复购率，还有助于建立稳定的用户群体。因此，在直播过程中，除了关注流量的获取，也需要注重私域流量的培养和管理，以保持用户的稳定性。

课后作业

观看一场你感兴趣的直播，可以是任何类型的直播，例如，电子竞技赛事、音乐演唱会、时尚秀等。并分析该直播的流量来源，同时，根据直播内容和推广方式，推测该直播的主要流量来源，提出你认为可以增加该直播流量的建议，并解释其可行性。

思考拓展

深入地了解直播流量的获取和管理，可以锻炼你对于市场推广和观众吸引的敏锐度。同时，可以应用这些观察和思考应用到其他类似直播中，进一步优化流量获取策略。

课程资源链接

课件、资源拓展

第八章 短视频制作

第一节 账号的人设搭建

随着时代的发展，我们进入了新媒体时代。"人设"已经成为一张名片，是当下消费社会最时髦的产物，给予了大众心理愿望和情感满足。在抖音、快手等短视频App上，我们愿意为短视频点赞、愿意看主播直播并购买产品，很大程度是因为我们喜欢这位创作者，并愿意追随他。因此，如果你想要做出具有影响力的账号，第一步就需要一个鲜明的人物账号设定。

一、人设定位

达人最开始的人设往往和短视频的内容相关，直播中也需要塑造"人设标签"。想要打造"人设"，主播需要拥有一个合适的"人设剧本"，好的"人设"更容易把观众留在直播间，就算不买东西，也会因为主播人设鲜明有趣而留下来，用户黏性也会更强。在打造账号人设的时候主播需要先审视自身，分析自己的优势和专长，从自己擅长的事情入手，比如善于聊天，或者有过什么相关从业经历，也可以结合自己的兴趣爱好。

例如，某淘宝主播，在直播之前曾是欧莱雅专柜的一名销售人员兼彩妆师，在美妆领域积累了很丰富的行业经验，因此在彩妆直播过程中他可以给出专业的使用体验，凭借这种方式，他很快获得了用户的喜爱。他的直播人设很鲜明，直播间也很有趣，因此用户愿意留在他的直播间。

某甄选主播，在直播时用纯正的英文讲解澳大利亚原切牛排并贴心挑出关键词、重点短语写在小白板上，走红网络。他的成功不是偶然的，因为在从事直播前他曾是新东方的一名英文教师。

因此，设置人设的时候，找到自己擅长的事情或者从自己的专业入手会大大提高成功概率。

二、完善账号信息

账号的搭建分为三个部分，首先是设置账号名称，其次是设置账号头像，最后是设置账号的标志性描述。

1. 账号名称设置技巧

设置账号名称时，首先要确保账号名称与头像、描述及人物性格保持一致。其次，需要注意账号名称的长度，最好为3~8个字符，而且尽量不要使用英文。最后，账号名称的命名方式主要有五种基本大类，包括人物名称、人物名称+称呼、人物名称+领域、人物名称+行为、人物名称+感受。

人物名称：安娜、李渣渣、Jack，这类账号人物IP感较强。

人物名称+称呼：圆圆妈妈、甜甜小阿姨、鲸鱼婆婆，这类账号亲和力较强。

人物名称+领域：英语奥老师Austin、听远咨询、心理医生阿田，这类账号人物的职业性较强。

人物名称+行为：奔跑吧A子、好吃的一哥、暖暖手作，这类账号人物的形象性较好。

人物名称+感受：自娱自乐的涛哥、开心小叮当、果粒的开心日子，这类账号情感形象突出。

账号名称没有特别明确的边界，但需要大家注意人物名称最好与头像、描述、性格保持一致。名称要简要，3~8个字符最好。

2. 账号头像设置技巧

在设置账号头像的时候，我们需要注意人物头像最好带有情绪的，比如鬼脸、大笑等表情，这样容易让用户记住你的头像。在取景方面，建议采用中景与近景。账号的名称最好与头像呼应，例如，如果是吃播，可以在头像设置的时候选择一个正在吃的照片，用来呼应你的账号名称。

3. 账号简介设置技巧

在设置账号时，需要考虑以下三点：

（1）你是谁？

（2）你能做什么？

（3）怎样找到你？

你是谁主要让用户了解你，用户通过一段简洁的文字了解你的优势、特点、专业。你能做什么主要让用户了解，你可以为用户带来什么服务，例如，法律咨询、情感咨询等。怎样找到你，主要让用户了解你的电话、邮箱、微信等信息，便于用户找到你。

三、设置账号场景

账号场景的呈现在整个过程中扮演着至关重要的角色。例如，在直播环境中，直播间的硬装和短视频的拍摄场地，以及直播间中的贴片和动图的设计，乃至主播的妆容创意等环节，都是我们需要认真思考的关键部分。

例如，在进行拍摄和直播时，我们选择原产地拍摄与直播。以"云南米线"为例，如果我们前往云南进行拍摄，并在云南进行直播。这种做法不仅可以增强用户对内容的黏性，还能提升可信度。通过在主题相关的地方进行制作和直播，使短视频和直播内容更加具有说服力，让观众更容易被吸引并留下来。这样的策略不仅丰富了内容，也更好地迎合了目标受众的兴趣，为账号的发展奠定了坚实的基础。

第二节　短视频拍摄技巧

一、设备准备与制作工具

想要拍摄高质量的视频，选择合适的拍摄设备是基础。如果没有设备的加持，即使有精彩的创意，也难以完美呈现在观众面前。对于新手来说，选择使用手机、单反相机还是摄像机拍摄视频是一个难题。为了方便大家做出选择，需要了解不同设备的特点和优劣，以及自己的拍摄需求。下面通过一张表格（表8-1），为大家介绍手机、单反相机、摄像机（图8-1）设备的优势以及使用范围。

表8-1　　　手机、单反相机、摄像机设备优势与使用范围

拍摄工具	优点	缺点
手机	携带方便、操作简单、制作短视频较快	画质相对差且没有景深
单反相机	操作简单、画质好、有景深	设备费用较高
摄像机	跟手机、单反相机相比更加专业	机身重、设备费用较高

图8-1　手机、单反相机、摄像机

二、辅助设备

在短视频拍摄的过程中，需要减少画面抖动情况的发生，因此可以选择稳定器、三脚架等辅助设备。在拍摄时如果环境光源不足，建议可以购买环形补光灯进行补光，在短视频拍摄和直播的时候都能使用。声音也是短视频拍摄的一个重要环节，很多短视频制作新手会过多关注画面而忽略声音、结果，导致拍摄的影片中有较多杂音、噪声。因此，建议购买录制声音的设备，如麦克风。以上三类辅助设备是制作短视频和直播时使用率较高的辅助设备。

1．稳定器、三脚架

在短视频拍摄中，为了避免画面出现抖动和模糊，我们通常需要使用稳定器和三脚架等设备来提升拍摄设备（如手机、单反相机或摄像机）的稳固性。稳定器和三脚架可以帮助拍摄者更加轻松地控制拍摄设备，减少手部晃动和其他不必要的移动，从而让拍摄出来的画面更加平稳、流畅和清晰。这些设备对于提升短视频的制作质量和观感效果非常重要，因此在短视频制作中，使用稳定器和三脚架是非常常见的做法，如图8-2所示。

2．环形补光灯

在短视频拍摄时，需要保持室内明亮，光度适中，且顶光的光线散布均匀。如果环境中的光源不足，可以选择美颜灯进行补光，这样光源比较强，光照效果较好，如图8-3所示。

3．录音设备

声音对于短视频制作十分重要。虽然手机、单反相机与摄像机都自带录音功能，但效果却不尽如人意，因此在拍摄短视频素材时，还需要使用专业的录音设备。一部优秀的短视频，不仅要有好的画质，同时好的音质也是必备要素，而一个好的录制设备可以直接决定视频的质量和播放音量，如图8-4所示。

图8-2　稳定器、三脚架　　　　　　　　　　　　　　　　图8-3　环形补光灯

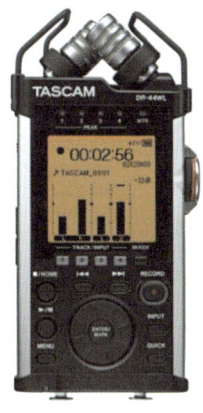  

图8-4　录音笔、录音机

三、短视频构图

视频的基本单位是镜头，镜头是由一帧帧快速闪过的画面构成，一个完美的短视频呈现必然离不开镜头，而每个镜头都是通过构图的精心安排而产生。因此，在短视频拍摄的过程中，我们要学会摄影构图原则与技巧，这样我们拍摄的视频才会层次分明、具有美感。构图必须鲜明、生动、简洁、准确。同时，还要考虑如何引导观众的注意力。下面为大家介绍几种常用视频构图。

1. 黄金分割构图

黄金分割构图是百年来摄影及其他艺术领域运用的最基本的构图原理之一，以其和谐、生动、简洁等特征体现形式美、结构美。它是由古希腊数学家毕达哥拉斯发现的，来自黄金比例——1:1.618。

在拍摄短视频时，无论是竖构图还是横构图，只要将画面横竖分别平均用两条线分割，这四条线的交点便是我们所说的黄金分割点，拍摄时只需要将拍摄主体放置在其中的一个点上就可以。在短视频创作中引入黄金分割构图可以更好地突出主体对象，画面效果更加协调，具有较好的视觉效果，如图8-5所示。

2. 圆形构图

圆形构图就是将主体物安排在圆形内或者圆形外所形成的视觉影像。圆形构图有两类：一类是向心式的构图，四周物体呈向中心集中的构图形式，能将人的视线引向中心主体，并产生聚拢的作用；另一类是放射式的构图，以花为例，如果以花为中心，四周花叶与杂草呈四周扩散放射的构图形式，可使注意力集中到主体物上，具有开阔、舒展的效果，这种构图常用于需要突出主体而场景复杂的环境下，如图8-6所示。

3. 对角线构图

在对角线构图中，画面的主体元素被安排在画面对角线上，这样可以产生动感和视觉冲击力。这种构图方式利用了对角线所产生的视觉效果，让画面更具有层次感和深度感，同时也让画面更加富有变化和活力。通过运用对角线构图的技巧，可以让短视频制作更具有视觉吸引力和艺术感，让观众更容易被吸引和留下来，如图8-7所示。

图8-5 黄金分割构图

图8-6 圆形构图

图8-7 对角线构图

4. 水平构图

水平构图是最常用的一种构图方法，在风光摄影中使用较多，常给人一种安静且稳重的感觉。水平构图即相机和被摄体基本在同一水平面上，以水平线作为标准来进行拍摄。因此，我们在做短视频创作时，可以用水平构图表现环境，如图8-8所示。

5. 对称构图

对称构图有上下对称、左右对称、动态对称，静止对称等，对称式构图是一种图表形式，具有平衡、稳定、相呼应的特点。是拍摄建筑题材时常用的方式，它可以较好地表现出建筑的平衡、稳定的特性。在短视频创作时，我们可以利用镜面倒影的方式来拍摄产品，比如拍摄产品的镜面倒影，可以较好地表现出产品质感，如图8-9所示。

四、短视频画幅选择

短视频画幅分为横画幅与竖画幅。横画幅的优势在于画面内容突出，画面稳定感强，但画面细节展示不足；竖画幅的优势在于视觉沉浸感强，但画面可展现空间场景有限。如果拍摄的短视频内容是教学类、纪实类视

图8-8 水平构图

频，建议使用横画幅；如果拍摄的短视频内容为美食、穿搭等领域建议竖画幅。无论是竖画幅还是横画幅，短视频制作的目的都是为了突出主题，凸显表达的内容，创作者都需要根据拍摄内容来选择画幅形式，如图8-10所示。

图8-9　对称构图

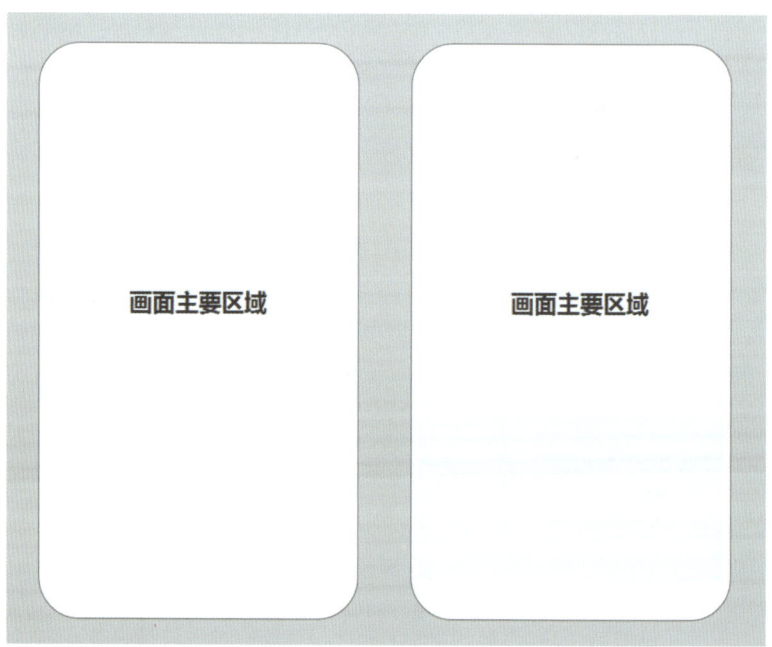

图8-10　横画幅（左）与竖画幅（右）

五、短视频拍摄景别

景别就是被摄主体在画面中呈现的范围，主要包括全景、远景、中景、近景、特写五种景别。通过表8-2和图8-11，我们能更加直观地理解景别的不同特征。

表8-2　　　　　　　　　　　　景别特征

景别	镜头	画面特征	基本应用
全景	人物全部出现在环境中	表现人物与场景的关系	开头、结尾、剧情反转
远景	环境、大场面	宏大的场景	大的场景、人物环境
中景	膝盖/人物腰部以上	善于表现单个或多个人物的状态：人物动作、表达内心活动、人物情感	人物的对话、动作、情绪交流
近景	人物胸部以上（服装第二个扣子以上）	善于表达人物的表情、内心活动、情感	人物的整体形象、当下状态、人物整体特征
特写	人物头部、局部、产品特写	善于表达人物神态、表情，介绍产品等	人物表情神态、动作，产品介绍

特写

近景

中景

全景

图8-11　景别示意图

全景是指被摄主体人物全身的拍摄方式或场景全貌的画面，强调主体与环境之间的关系。因此，全景能看到人物的全貌，并且能利用背景营造气氛，通常人物是表现的重点，但人物面部表情细节方面稍有欠缺。全景常用作总角度进行空间或人物关系定位的镜头，如图8-12所示。

远景主要营造特定的氛围感，或是为了展示场景的宏大，通常被摄主体在画面的远处，人物或景物通常在画面中只占据很小一部分。这种画面可使观众在银幕上看到广阔深远的景象，以展示人物活动的空间背景或环境气氛，如图8-13所示。中景主要取人物膝盖以上部分或场景局部的画面，能为人物提供较大的活动空间，不仅能使观众看清人物表情，而且有利于显示人物之间的关系。中景的运用，不但可以加深画面的纵深感，表

图8-12 全景

图8-13 远景

现出一定的环境、气氛，而且通过镜头的组接，还能把某一冲突的经过叙述得有条不紊，常用以叙述剧情，如图8-14所示。

近景主要呈现人物胸部以上或者景物局部的画面。近景常被用来表现人物的面部神态和情绪，是展示人物感情世界的主要景别，如图8-15所示。

特写主要呈现被摄主体人物的面部或者局部。特写往往蕴含着重要的戏剧因素。特写镜头可以让观看者感受到强烈的视感，能将被摄物体从周围的环境中凸显出来，可以使被摄主体的具体特征得以放大，如图8-16所示。

景别是画面的基本组成部分，也是短视频创作中一种重要的语言，每种景别的运用不仅是形式上的需要，更是意义上的需要，只有将两种真正融合，才能最大化发挥景别的作用。

资源链接：新西兰贸发局宣传视频

图8-14 中景

图8-15 近景

图8-16 特写

六、短视频拍摄镜头运用

在短视频创作中运动镜头是基本的技巧，常规的运镜分为五种：推、拉、摇、移、跟随镜头。以运动镜头为主的短视频更加注重运动性、节奏感、冲击力。

推镜头主要表现物体在匀速运动状态中，镜头随着主体平移，强调主体的重要性。推镜头可以连续展现事物、人物、场景的变化过程。

拉镜头是画面构图由近视距景别过渡到远视距景别，即由近及远的拍摄方法。通过运动来强调主体与环境的情况。拉镜头也常常用于转场，给受众流畅连贯的感受。

摇镜头是摄像机机位不动，借助于三脚架上的活动底盘或拍摄者自身做支点，变动摄像机光学镜头轴线的拍摄方法。通过镜头的运动强化物体的运动行为，方便受众理解物体运动的过程。

移镜头是摄像机安放在移动的运载工具上，在水平方向，按一定的运动轨迹进行的运动拍摄。主要用来表达场景、人物、行为之间的关系等，移镜头的快慢主要是烘托空间气氛。

跟随镜头是摄影机跟踪运动着的被摄对象进行拍摄的摄影方法。主要是为了更真实地表达对象或被摄主体人物的状态、神态。

第三节　剪辑技巧

在短视频创作过程中，剪辑是重要的环节之一。它涉及对拍摄素材或相关元素进行有机加工、组合、合成的过程。剪映是最常用的短视频剪辑软件之一，因此本节以剪映为制作工具，分享视频制作的基本方法和技巧。使用剪映，可以通过对素材进行剪裁、剪辑、特效添加、音频调整等操作，将素材制作成符合需求的视频作品。通过学习剪辑技巧和熟练掌握剪映的基本操作，可以提高短视频的制作效率和质量，让作品更加生动、有趣和有吸引力。

视频基本剪辑

（1）双击打开剪映，点击开始创作（图8-17）。

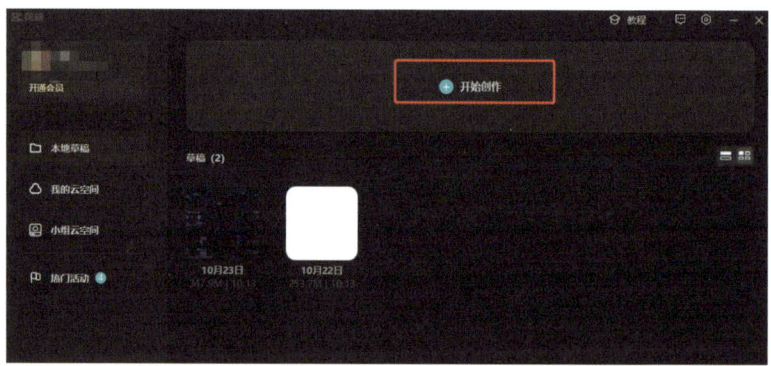

图8-17　剪映：主界面

（2）选择导入，并将视频素材4-1与视频素材4-2导入软件中。同时将视频素材拖到时间轴中，如图8-18、图8-19所示。

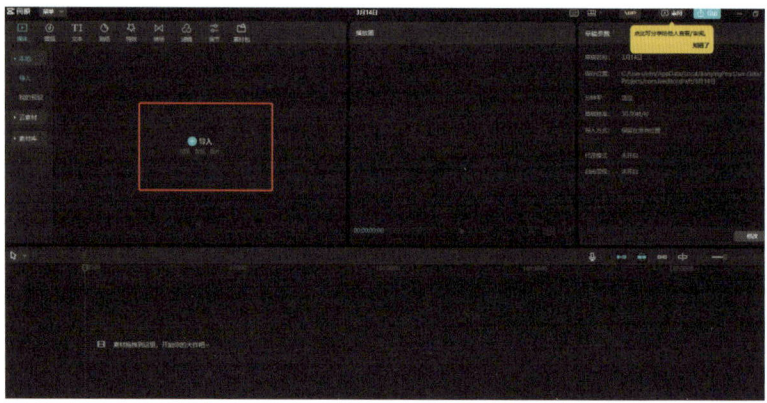

图8-18　剪映素材导入（1）

图8-19　剪映素材导入（2）

（3）选择"-""+"即可缩放时间线，有利于更清晰地查看时间线，从而更好地进行视频的剪辑，如图8-20所示。

图8-20　剪映时间线缩放

（4）选中视频素材，将时间轴拖拽到你想要进行剪辑的位置，点击剪切工具█，便可以将视频分为两段，不需要的视频，按键盘上的Delete键，进行素材的删除，如图8-21、图8-22所示。

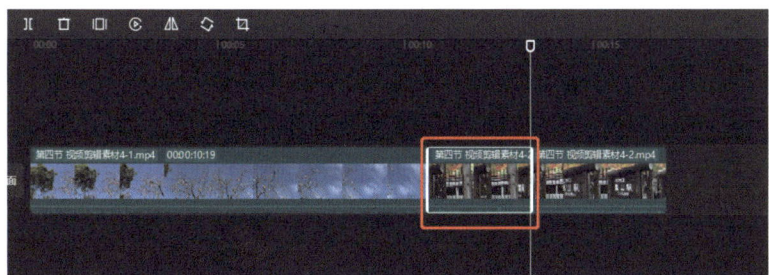

图8-21　剪映素材删除（1）

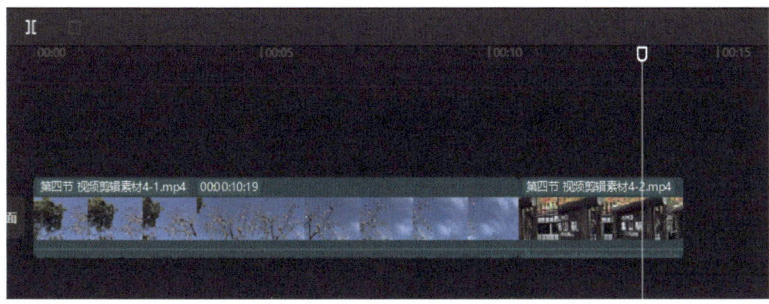

图8-22　剪映素材删除（2）

（5）在软件时间轴操作面板中找到两段视频的中间的位置，点击转场，为两段视频添加转场，如图8-23所示。转场效果建议不要过多使用，当视频内容有较大的空间、时间变化的时候，再应用转场效果更好。

图8-23　剪映转场添加

（6）为视频添加字幕，在软件工具栏中选择文本工具，如图8-24所示。将默认文本添加到时间轴中，在属性栏中修改文本，如图8-25所示。

图8-24　剪映文本工具（1）

图8-25　剪映文本工具（2）

（7）在文本属性栏中，可以对文字进行放大、颜色和样式的设置，也可以使用动态的文字样式。文字样式有多种分类，但此功能不可以进行文字修改，如图8-26、图8-27所示。

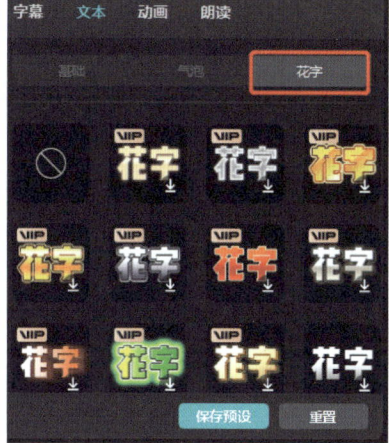

图8-26　剪映文字样式（1）　　　　图8-27　剪映文字样式（2）

（8）作品进行导出。在软件右上方选择"导出"选项，进行导出界面。视频导出前对视频进行必要的检查，一般来说，视频的导出参数选择默认即可，没有必要都选择4K这种高分辨率，如图8-28所示。

图8-28　剪映导出设置

本章总结

　　本章重点讲解短视频账号人设与场景搭建技巧、主题化短视频制作要点，以及短视频拍摄技巧与剪辑技巧。通过学习本章内容，能够掌握如何建立符合账号设定的人物形象和场景设定，以及如何进行短视频拍摄和剪辑，从而使你的账号更加贴近受众，并制作出受众喜爱的短视频作品。

课后作业

选择一个你感兴趣的主题或领域，并建立一个短视频账号。在这个过程中，务必考虑账号的定位和目标受众，以便创造出与之相符的人物形象和背景环境。最后，制作一段主题化的短视频，确保视频内容与你所建立的账号定位一致。

思考拓展

除了考虑人物形象和背景环境，还可以思考如何创新短视频内容形式。可以尝试采用趣味性十足的剧情设置、实验性的画面处理、创意性的视频特效等，从而吸引更多观众的目光。

课程资源链接

课件

第九章 复盘要点

第一节 何为复盘

复盘不是简单的总结，如果你认为复盘就是总结，那这个想法就是错误的。总结只是复盘的一个部分，复盘其实是对过去完成的项目所做的深度思维演练。

所谓复盘，就是在直播结束后，对当天直播的每个阶段的具体工作进行分解，分析工作顺利与否，主要问题有哪些，如何优化等，从复盘中发现问题，并据此调整操作方法，修改计划和目标。它是整个项目过程的重新演练，在演练过程中我们能够发现问题、分析问题，积累更多经验，也能学习和收获更多专业知识找出需要改进的地方，从而为后面的战略和决策提供更多有价值的东西，并制定优化方案。

第二节 为什么要做直播复盘

一、纠正直播中的错误

实践是检验真理的唯一标准。直播理论只能起到方向性的指导，最终还是需要通过实践进行检验。在复盘的过程中，我们可以仔细研究每一个环节，例如，本场直播的基础数据、粉丝新增量、转化率、流量来源、互动数据、直播间的评论、点赞等环节。看看观众对这些环节的反应是怎样的，是否有改进的空间。将直播过程中优劣处列出，深入思考，认清自己的不足，找出需要改进的地方，为下一场直播做准备。

二、优化工作方案

一场直播复盘，包含的内容非常多，我们需要制定适合自己直播间的工作流程，就需要复盘。通过复盘，总结得失，可以帮助我们不断提升直播运营能力、直播间的综合转化数据等环节。从而为下一场直播制定出优化方案。

第三节　复盘主要环节

一、工作内容复盘

主播：主播在直播后需要针对脚本话术、产品卖点、本场直播的场控等环节数据做深入的复盘工作。查看本场直播是否达到预期的效果，如果没有达到，需要进行问题分析，提出修改方案。

场控：场控是除了主播岗位之外最重要的直播岗位，在直播过程中很多环节由场控负责。场控需要关注直播间的实时目标、直播热度、突发事件等关键环节。当然，场控也是整个直播复盘的组织者。

助理：助理的复盘工作相对比较简单，复盘内容包括：商品的上下架、直播间的设备、确认发货的快递单位、发货时间，以及和主播的配合情况等。助理在复盘时，需要总结本场直播工作是否到位，是否有可优化的环节。

投手：投手主要是负责预热视频、引流视频的准备和发布，以及直播间付费流量的投放。投手的复盘内容包括：引流视频发布时间是否精准，付费投放的金额是否合理，整场直播转化率是否达到预期目标等。

选品：在一场直播中，选品是非常重要的，因为直播已经进入品牌自播的时代。品牌自播的两个关键要素是：好的主播、好的货品。选品复盘内容包括：直播商品的筛选是否合理、本场利润款、引流款，以及福利款的产品配置是否合理，直播中产品出现的顺序是否合理等。

客服：客服是一个服务岗位，复盘的内容包括：直播中福利说明是否到位，售后问题是否讲清，直播过程中对粉丝提出的问题是否积极回复等。

二、货品复盘

货品复盘主要包含两个方面：直播选品逻辑、商品讲解流程安排。

1. 直播选品逻辑

直播间的货品一般分为三种：引流款、利润款、主推款。

（1）引流款。其目的是用低客单价的商品去吸引流量。引流款产品的目的，主要是为了提高直播间的初始转化率，通过高转化率来提升直播间直播推荐流量。引流款的比例一般是在40%，它的上架时间在直播10分钟左右，当直播开始的时候用于炒热直播间，从而拉升整体的数据转化。

（2）利润款。利润款的目的是拉升整个直播店铺的利润。利润款的占比一般是在30%，上架的时间一般在直播10~15分钟。通过引流款提升直播间人气的同时，使用利润款来拉高整个店铺的利润。

（3）主推款。在直播中，通常会推荐品牌的当季产品作为主推款。主推款通常占据上架产品比例的30%，并且在直播开始后大约20分钟引入，因为这些产品通常具有话题性和爆款潜力。

因此，直播的选品逻辑复盘主要包括：引流款、利润款、主推款的安排时间、占比和顺序。在复盘过程中，需要关注每个款式的推荐时间、占比情况，以及它们在直播中的顺序安排。这样可以更好地了解直播中商品推荐的策略，优化产品的选择和安排，从而提高直播的效果和销售业绩。

2. 商品讲解流程安排

在直播间中，商品讲解流程通常可以分为两类：过款型设计和循环型设计。

过款型设计以三款产品为例。在这种设计中，我们将产品分为三组，并按照顺序在直播间进行讲解。每组产品在直播中依次进行介绍，确保观众能够逐一了解每款产品的特点和优势。

循环型设计同样以三款产品为例。在这种设计中，有两款主打产品和一款宠粉款产品。在每次约30分钟的直播中，前20分钟将会重点讲解两款主打产品，最后10分钟专门介绍宠粉款产品。之后，需要不断地循环这个过程，以确保每个产品都得到充分地展示和推广。循环型设计的流程需要根据不同的产品做相应的策划，以保持直播节奏和观众的兴趣。

通过以上两类设计，能够充分展示每款产品的特点，让观众对产品有更深入的了解。这样的直播方式能够提高产品的曝光率和观众的参与度，为产品的推广和销售带来更好的效果。通过复盘分析，可以优化商品的讲解流程，提升直播的效果和销售效率。

三、场景复盘

直播间场景复盘内容主要包括：直播间场地、背景的布置、背景颜色选择、灯光、直播设备（手机、充电器、插线板、摄像机等）、商品陈列、场景陈列等内容是否合理，如图9-1所示。

图9-1　直播场景

四、数据复盘

想要分析单场直播数据，就需要找到单场数据的位置，数据样本越多可分析的维度也就越广。

1. 如何查看账号数据

第一步，在抖音中找到企业服务中心，如图9-2所示。

第二步，点击主播中心，查看数据总览及场次数据，如图9-3所示。

第三步，点击直播场次数据，查看直播数据。如图9-4所示。

2. 数据分析技巧

单场直播数据复盘主要分为两个部分：第一部分是整场直播的基础数据，第二部分是本场直播的观众来源，也就是流量数据源。

直播基础数据复盘主要分为五个模块：观众总数、新增粉丝、互动数据、付费人数，以及收获音浪，如图9-5所示。

在直播中，几个关键指标对于直播间的流量和吸引力至关重要。

首先是直播观众总数，它代表着每场直播的总观看人次。观众总数决定了直播间所在的流量池等级，观众总数多，意味着能够产生更多的转化率，但这需要考虑直播间是否有足够的承接能力。

其次是新增粉丝，指的是在直播期间有多少人关注了主播的账号。新增粉丝的比例在直播推荐打开的情况下需要达到5%以上。转化率新增比例小于3%则表示直播内容并没有吸引足够多的陌生用户，这时需要多方面找寻原因，以提高用户的关注度。

图9-2　企业服务中心

图9-3　主播中心

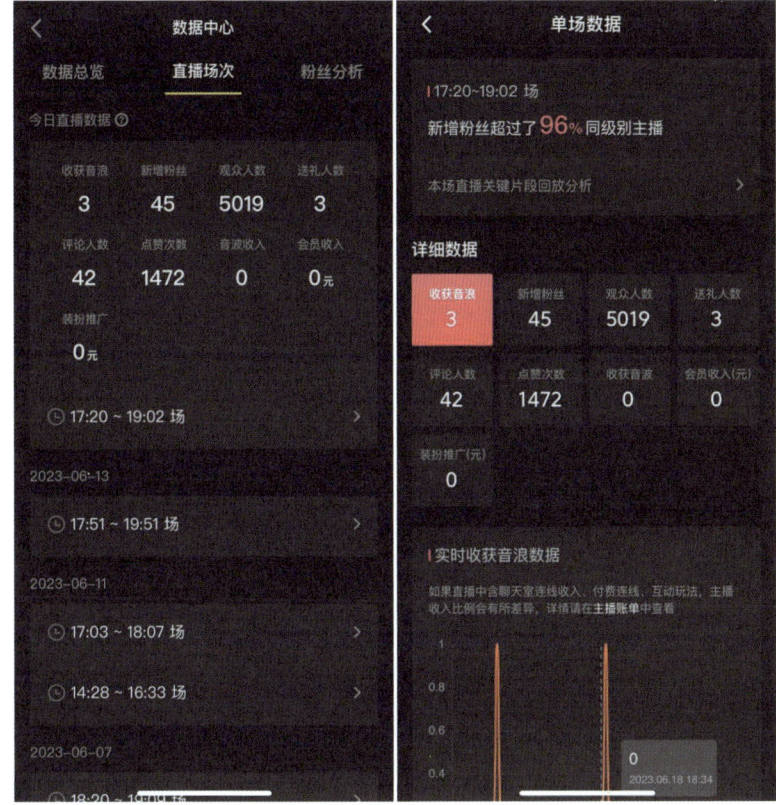

图9-4　直播数据

图9-5　直播基础数据

互动数据是指直播间观众的互动情况，包括用户的购买倾向和主要需求。互动的比例需要达到10%以上，这个数据是通过评论人数除以总的观众人数计算得出。如果互动比例低于5%，则需要从直播间寻找问题，以提高互动率用户的参与度。

另外，付款人数也是重要的指标，指的是通过直播间购买商品的人数，付款人数越多，说明主播的带货能力越强，直播的效果也更好。

最后是"音浪"，这是抖音平台使用的虚拟币，通过粉丝打赏来获取，高收入的音浪代表着主播的人气和收益都较高。

观众总数决定了直播间的流量池等级，新增粉丝和互动数据则决定了直播间的吸引力程度。同时，付款人数和音浪收入也是衡量主播带货能力和受欢迎程度的重要指标。在直播中，数据的不断优化和提高，将有助于吸引更多的观众，提升直播间的影响力和直播效果。

直播间观众流量来源主要有五个部分，其中最重要的两个指标便是直

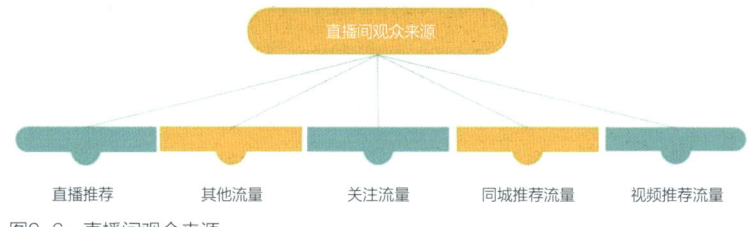

图9-6　直播间观众来源

播推荐和视频推荐，如图9-6所示。

（1）直播推荐：指直播广场的免费流量推荐，是直播间得以吸引更多用户观看的重要手段。一场直播如果想取得好的效果，必须依赖直播推荐流量的加持，因为没有直播推荐流量的支持，直播间的观众数量会相对较少。

（2）其他流量：除了直播推荐流量，还有其他来源的流量，其中包括付费流量。例如，通过巨量千川进行直播间引流，或与其他直播间主播进行PK连麦等方式，以及通过外部引流方式使用户进入直播间，这些都属于其他流量的范畴。

（3）关注流量：指通过粉丝的推荐及关注页面进入直播间。

（4）同城推荐流量：指与用户同在一个城市的人，也就是附近用户。

（5）视频推荐流量：包括免费流量和付费流量。免费流量主要是指通过自己发布的视频或他人发布的视频引流推荐进入直播间的观众，而付费流量是指通过巨量千川选择视频后加热直播间，从而带来的流量。

（6）直播推荐流量：分为极速流量和慢速流量。极速流量是指用户通过App推荐页直接进入直播间，而慢速流量是指用户在直播广场中筛选直播间后选择进入的流量，进入速度相对较慢。优化直播推荐流量可通过改进直播间内容和商品转化率等方式实现。

以抖音为例，每天发布60条视频能够为直播间带来大约10万的曝光量，假设点击率为5%，就能吸引5000个观众进入直播间。因此，在复盘直播观众来源时，需重点关注直播推荐和视频推荐的比例，对于直播间的盈利能力至关重要。

第四节　直播复盘的步骤

直播复盘一般包含4个步骤。

一、目标回顾

复盘的本质是解决问题，因此在目标回顾的时候，我们需要知道直播前"原定目标"是什么。例如，原计划发布短视频、累积点赞量、增粉量分别是多少。现有结果中，短视频发布量、点赞量、增粉量分别是多少。将现有结果与原计划做对比，并分析达到的目标与未达到目标的原因，寻找解决方案，为后续直播制定更合理的目标计划。

　　设定直播目标并不是容易的事，对于新手，在不了解自己能力可以达到什么目标的情况下，最好的方法是参考同行的数据来分析情况，给自己设定初始目标。

二、数据分析

　　数据分析是复盘的重点，数据分析需要结合直播前"原定目标"完成情况进行数据的分析。需要汇总基础数据，汇总的维度要与我们制定的初始目标保持一致，例如，直播时长、观众总数、成交总额、订单数量、涨粉人数、粉丝团、新增视频数量等，是否与初始的目标值一致。如果没有达到预期，需要找出原因、分析原因，以便知道下一步要在哪些环节做完善。

　　对于刚开始直播的人来说，如果数据样本数量不足，则无法看出数据的波动趋势，这也就无法总结平台的推流机制。建议直播一段时间后，在各方面数据量充足的情况下，再进行数据分析。分析要点主要是数据的波动及影响数据波动的操作。

　　当然，现在的平台都有数据报告，我们可以从平台的数据报告中获得主播、粉丝及商品的相关数据，然后进行对比分析。一般会看直播时长、粉丝停留时长、互动数、涨粉数、商品点击数、订单数等数据，关键是研究变动的数据，因为数据的上升和下降，这都与直播细节息息相关，我们需要找出影响数据变动的因素并进行分析总结。

三、重点问题改进

　　复盘过程需要设定重点问题，例如，流量问题、转化问题、货品问题、话术问题、团队分工问题、流量问题、工具的使用问题等。在复盘之前最好制作一张表格，然后将这些问题填入表格，再对应解决。

四、复盘记录

　　直播的复盘需要紧紧围绕"人""货""场""运营""流量"。复盘记录需要我们关注引流视频的推流情况、直播推荐的打开情况、直播间的实时在线 UV 价值、用户的停留时长、用户的观看趋势、用户的下单、用户的支付画像、粉丝团的趋势、粉丝的互动等情况，便于及时调整直播策略，不断优化直播间的整体流程。

本章总结

　　通过本章的学习，可以掌握复盘流程、重点、难点及复盘技巧。通过系统性的复盘实践，主播和团队可以优化直播策略，不断改进并积累宝贵的经验教训，从而提升直播的质量和效果。

课后作业

选择一场过去的直播项目（可以是真实的或者虚拟的），并进行复盘实践。在复盘过程中，按照以下步骤进行操作。

（1）分解和分析每个阶段的具体工作内容和流程。

（2）发现在直播过程中出现的问题，并提出改进方案。

（3）检查选品、场景和数据等方面的问题，并思考如何进行优化。

（4）分析直播数据，包括观众总数、新增粉丝、互动数据、付费人数和收获音浪等指标，以及流量来源。

（5）根据复盘分析的结果，总结出有益的经验教训，并提出未来直播的改进方案。

（6）将复盘结果整理成报告或演示文稿形式，包括所选直播项目的背景介绍、复盘过程中的发现和分析，以及改进方案和总结。

思考拓展

在直播项目中，跨界合作和IP效应可以为直播带来更多关注和流量。复盘时，可以评估跨界合作和IP效应的表现，思考如何进一步利用合作伙伴和IP资源，打造更具吸引力的直播内容。

课程资源链接

课件

第十章 案例分析——苹果产品直播间

第一节 项目分析

我们将对苹果（iPhone）直播间进行全面分析。作为一个国际品牌，苹果产品对于品牌呈现有一套标准的要求。因此，在打造苹果直播间时，我们需要努力确保人物、氛围、场景等方面与苹果风格的标签完美契合。

为实现这一目标，我们深入研究苹果品牌的独特性和核心价值观，以确保直播间的设计与品牌形象一脉相承，制订了开挂SOP（表10-1）。

表10-1 苹果开播计划sop流程及进度

苹果开播计划sop流程及进度				
开播计划	直播间布景	直播道具需求整理、确认并采买	根据直播内容，提前进行直播道具整理、确认并采买	运营	负责人
		直播间贴片设计、确认	结合平台活动及本身利益点，利用平台贴片元素，设计活动贴片		
		直播间设备准备	直播基础设备设施准备：摄像头、灯光、麦克风、电脑、支架、背景板等		
		直播间装修搭建	结合品牌调性，进行直播间主体风格设计		
		直播间摆品设计	为突出品牌形象进行直播间摆品设计并确认		
		直播间网络测试	使用网络稳定的VPN，供直播团队在直播中使用		
		直播间现场环境、光线测试	提前进行直播测试，确定保持安静的现场环境音、直播光线清晰、画面明亮		
	主播、助播	最终确认	运营提供主播排期，后提供给品牌方进行确认	主播+运营	负责人
		基础培训	给予主播相关产品培训		
		产品熟悉	品牌方提前提供货品表、产品卖点及官网链接让主播提前熟悉，撰写字卡PPT		
		熟悉活动机制	熟悉活动，熟练运用活动、促销，撰写话术		
		服装、服饰	结合品牌调性和直播间特殊需求，对主播进行服装、服饰的搭配		
		拍摄	短视频拍摄		

苹果开播计划sop流程及进度					
开播计划	直播预热	短视频预热	短视频拍摄：准备种草、预告、开箱等短视频	主播+运营	负责人
			短视频发布：根据直播时间定时发布短视频		
			短视频加热：提供VID加热短视频		
		直播预演	产品卖点		
			活动策略、噱头的用法		
	直播策划、规划框架	确定直播主题	根据行业促销活动	供应链+运营+主播	负责人
		确定选品利益点	爆品、硬通货、引流品、福利品		
	优化货盘结构	货盘基础上删减增优	参考样品和引流品	供应链+运营+主播	
	营销计划	福利、赠品、机制	确定赠品库存和兑换方式	运营	负责人
	活动预算	根据场次目标提报营销预算	可少不可超	运营	负责人
	直播脚本	3套	做好预备	运营	负责人
	排品顺序	3套		运营	负责人
整理货盘后	开播时检查货补生效	原价、活动价	下架涨价产品	运营	负责人
开播中	开播前最终测试	账号直播测试	确定网络稳定性，推流是否正常	运营	负责人
		上架产品	注意排品顺序		
		购买流程测试	注意查看优惠券以及物流新政策		
		发货流程测试	注意是否有包邮产品		
播后复盘	直播数据整理	GMV达成率、点击率、转化率、动销、客单、环比增长等	产品数据分析，提出问题，给出解决方案，反馈给供应链	供应链+运营+主播	负责人
	流量数据分析	流量入口数据分析	短视频、付费、产品		
	播后样品整理	—	按产品归类摆放		
	隐藏相关短视频	隐藏所有跟本次大场相关的预热视频		运营	负责人

一、人设打造

主播定位及形象确立

在打造苹果直播间的人设时，紧紧围绕官方"正品"。为此，苹果直播间的主播形象沿用苹果天才吧（Genius Bar）统一造型。天才吧工程师形象在全球范围内都有很高的认知度，代表着专业性。通过这样的人设形象可以给消费者传达"专业"的感觉。

在主播外形方面，选择具有亲和力和大众脸的主播。她们的妆容主要采用裸妆，大地色调和低饱和度的配色，打造亲民的人物形象。

通过以上的妆容打造，苹果直播间的主播将给观众呈现出专业、可信和亲切的形象，有助于建立与观众的紧密联系，同时也符合品牌定位，如图10-1所示。

二、品牌定位及场景

苹果品牌已成功地在受众心目中树立了强烈的标签，其产品价值被普遍认可。所以，在苹果直播间的整体呈现上，努力追求与苹果专卖店相一致的风格，加强正品的概念。

将苹果天才吧的布局，融入直播间中，采用灰白色为主要色调。

同时，在直播间的细节上还原线下门店，如直播间展示的产品及陈列方式。此外，还注重灯光效果，确保直播间的灯光氛围与苹果店内的氛围一致。

通过以上的调整和设计，将苹果直播间打造出与苹果品牌价值观相契合的场景，确保顾客在直播中能深切感受到与线下门店一样的感觉，有助于加强与观众的认知连接，利用品牌形象，提升网络直播间的吸引力，如图10-2、图10-3所示。

图10-1　苹果直播间人设形象

图10-2　场景风格设定

图10-3　场景风格设定

第二节　商品策划

一、商品市场分析

以直播产品是iPhone 14系列为例，这些产品在整个平台甚至市场中都属于稀缺品，具有很强的硬通货属性。由于同一时间市场上大多数iPhone14产品需要加价销售，因此合理配比的货盘显得尤为重要。我们对销售货盘进行了如下分析。

首先，了解商品的定价属性。iPhone 14系列包含以下几款手机，每款手机在市场中有不同的定位和销售策略。具体情况如下。

iPhone14：作为系列中的基础款，价格较低，功能配置与上一代相比提升不明显，因此市场反响较差。然而，由于毛利较高，被归类为利润款产品。

iPhone 14 Plus：这是14系列中最后上市的产品，价格适中，位于Pro和14之间的阶段，可视为补充产品线的附加款式，因此商品数量配比最低。我们将其作为连带销售的产品。

iPhone 14 Pro：这是14系列中的热销款，价格较高，但相对于Pro Max来说较低，市场需求很高，是热门产品，甚至在二级市场上也要加价销售。我们将其作为引流款产品。

iPhone 14 Pro Max：这也是14系列中的热销款，单价最高，是直播间销额主力产品。我们将其作为主推款。

综合以上情况，我们将销售配比划分为以下几个类别。

iPhone 14利润款：iPhone 14属于基础款，虽然市场反响较差，但由于毛利较高，我们仍然将其作为利润款产品进行销售。

iPhone 14 Plus连带款：iPhone 14 Plus，作为补充产品线的附加款式，价格适中，我们将其作为连带销售的产品。

iPhone 14 Pro引流款：iPhone 14 Pro，作为热销款，价格较高，能够吸引消费者的注意力，我们将其作为引流款产品。

iPhone 14 Pro Max主推款：iPhone 14 Pro Max，作为热销款和销售额的冲击利器，是我们主推产品。

通过合理的销售配比，我们可以最大程度地满足不同消费者的需求，提高销售效益，并确保直播间的销售策略和目标的实现。具体信息可见图10-4。

二、商品卖点分析

商品卖点分析主要为了提升以下几个方面：首先，卖点分析能够向观众提供详尽的产品知识和信息，使其了解苹果产品的特点、功能和优势，从而做出快速的购买决策。其次，卖点分析能够突出苹果产品的价值和优势，如性能、设计和创新功能，吸引潜在客户。此外，卖点分析还能帮助分析观众的需求和偏好，针对性地推荐适合的产品，提高观众的满意度和

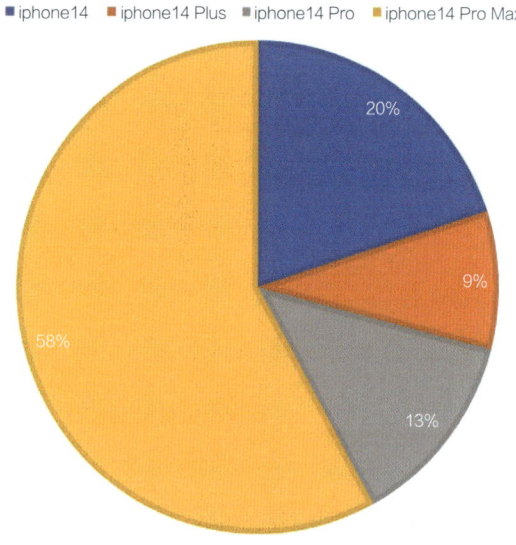

货品结构

■iphone14 ■iphone14 Plus ■iphone14 Pro ■iphone14 Pro Max

20%

9%

13%

58%

图10-4　货品结构

购买意愿，同时还能树立品牌形象。最后，通过卖点分析可以详细解释产品的价值和优势，提供有力的购买动机，引导观众转化为实际的买家，从而促进销售和市场份额的增长。

综上所述，直播间中的苹果产品卖点分析对于提供产品知识、突出优势、满足需求、建立品牌形象和促进销售转化至关重要。

iPhone 14：iPhone 14以其强大的处理能力和先进的功能为卖点，非常适合那些追求高性能和多任务处理能力的用户。目标人群主要包括技术爱好者、专业用户，以及那些需要处理大量任务和应用程序的用户。

iPhone 14 Plus：iPhone 14 Plus主打大屏幕体验和强大的摄影系统，非常适合摄影创作以及追求视觉体验的用户。目标人群主要包括娱乐爱好者、摄影爱好者，以及喜欢阅读和浏览的用户。

iPhone 14 Pro：iPhone 14 Pro专注于卓越的摄影和视频功能，以及流畅的显示技术，非常适合专业摄影师和创作者。目标人群主要包括专业摄影师、视频创作者，以及追求高品质的用户。

iPhone 14 Pro Max：iPhone 14 Pro Max注重顶级摄影和大屏幕，适合专业摄影和需要更大屏幕的用户。目标人群主要包括娱乐追求者、专业摄影师等。

总结来说：

iPhone 14适合追求高性能和多任务处理基础用户。

iPhone 14 Plus适合追求更好视觉体验和摄影创作的用户。

iPhone 14 Pro适合专业摄影师和创作者。

iPhone 14 Pro Max适合追求大屏幕和专业摄影能力的用户。

每款iPhone 14系列产品都有各自的卖点和目标群体，因此在直播间中，我们可以根据用户的需求和偏好来推荐适合他们的产品，以满足他们对于性能、摄影、显示等方面的追求。

𝄢 资源链接：商品卖点分析

第三节　账号策划

苹果直播间账号的运营在界面设计上需要符合品牌调性，并且背景色应沿用企业标准色。在设计账号的各个要素时，需要考虑账号头像设置、账号简介，如图10-5所示。

账号头像设置：账号头像应凸显苹果的品牌标识，可以使用苹果公司的标志，以便观众能够立即识别。

账号简介设置：账号简介是向观众传达信息的关键元素。在账号简介中，重点突出正品和热销商品。可以提及苹果的品牌价值、产品质量、技术创新，以及与品牌相关的特色服务等方面。同时，告知观众在账号中可以购买哪些具体的产品，以激发他们的购买兴趣和意愿。

图10-5　账号设置

第四节　直播间准备

一、直播间场景搭建

苹果直播间的场景搭建不仅要满足日常直播的需求，还需要承载部分短视频拍摄的需求。因此，我们尽力还原苹果门店的场景，既满足日常直播需求，又能承载短视频拍摄的要求。让观众感受苹果门店的氛围和体验，加强与品牌的链接，从而提升他们的参与度和购买意愿，如图10-6所示。

图10-6　苹果直播间效果图

在搭建场景时，重点考虑以下几个方面。

布局和摆设：参考苹果门店的布局和陈列方式，我们会合理安排展示区、工作区和交流区的位置，以还原苹果门店的空间感。摆设方面，我们使用与门店相似的家具、展示柜和陈列架，以及苹果产品的实物展示，以营造出苹果门店的氛围。

照明和色彩：注重照明效果，使用与苹果门店相似灯光布置，重点凸显产品的质感和细节。色彩的运用上，沿用品牌的标准色调，增强识别度。

背景设计：为了满足短视频拍摄演示的需求，设计出专门的背景区域。采用了与苹果门店相似的背景板、墙面和装饰，拍摄时营造出在门店的感觉。

细节呈现：为了更好地还原苹果门店场景，直播间的苹果标志牌、POS机和标签，以及橱窗展示中的产品描述和价格标签都与苹果门店一致。这些细节将有助于营造出一个真实而专业的苹果门店场景。

二、直播间设备选择

在设备选择上，采用高清摄像机、专业麦克风和优质的音频设备，以确保直播画面的清晰度和音频的质量。高清摄像机能够捕捉细节并保持清晰度，让观众能够更好地欣赏iPhone手机的外观和细节。专业麦克风则能够捕捉到清晰、逼真的声音，使观众能够听到iPhone手机的真实音效，见表10-2。

表10-2 直播间设备

基本设备需求	设备类别	设备型号	数量
摄像机	摄像机	索尼（SONY）Alpha 7 III全画幅微单数码相机（约2420万有效像素5轴防抖）	4
	镜头	适马（SIGMA）Art24-70mm F2.8 DG DN，全画幅微单，恒定大光圈标准变焦镜头	3
		适马（SIGMA）Art 35mm F1.4 DG DN 全画幅微单，大光圈定焦镜头	1
灯光	补光灯	神牛SL200II二代摄影灯	5
	神牛八角柔光箱	神牛八角柔光箱	5
	手持灯	神牛LC500	2

基本设备需求	设备类别	设备型号	数量
麦克风	夹领麦克风	大疆DJI Mic无线麦克风Action 2/OM 5	1
采集卡	数据采集卡	天创恒达UB570pro	4
电脑	推流电脑	I7 12代以上处理器 内存32G 固态硬盘512G+机械硬盘1T 显卡：T1000 4G 400W以上电源 CPU+显卡水冷	1
电脑显示屏	电脑屏	AOC 27英寸液晶显示器 27B2H	2
显示屏	背景电视	小米电视EA75	1
电池（外接电源）	NP-FZ100假电池外接电源	NP-FZ100假电池外接电源	4
音频设备	麦克风	RODE罗德VideoMic Pro+Plus单反话筒麦克风	4
	音频线	TODN同顿双镀银3.5mmAUX公对母音频线	4
大屏幕	竖版电视	康佳4K超高清电视机 55E8 PRO	2
摄像设备支架	直播间相机支架	索尼微单相机L型竖拍转接板	4
	直播间相机支架	伟峰WEIFENG WF-616铝合金DV三脚架	3
电视支架	直播间电视支架	电视支架	3

直播间准备主要包括直播场景设计、灯光、摄像设备、麦克风等环节，在拍摄设备的选择上采用专业高清设备，旨在实现更好的画质，并确保iPhone手机的质感得到充分展现。同时，布景和灯光设计也衬托了iPhone手机特点。通过这样的安排策划，为观众呈现最佳的直播观感，从而提高观众的参与度和购买意愿。

第五节　短视频拍摄

在进行短视频规划时，需要安排整体的拍摄和发布频次，特别关注iPhone短视频制作的主题内容。本次规划的重点是iPhone功能教学和应用场景展示，旨在围绕iPhone的新功能进行短视频的拍摄。

在功能教学视频上，需要制作针对iPhone功能进行教学演示，例如，拍照技巧、操作指南和隐秘功能等。这样的短视频可以帮助用户更好地了解和使用iPhone的各种功能，提升使用体验。

在应用场景展示方面，需要展示iPhone在不同场景下的使用，例如，旅行、工作、娱乐等。通过展示iPhone在实际生活中的使用，观众可以更好地了解iPhone的多样性和实用性，从而加强他们对iPhone的兴趣和认知。

此外，还需要计划制作引流短视频，旨在吸引观众前往直播间参与观看和互动。这些短视频将重点宣传直播间的福利和特别优惠活动，以吸引观众的注意和参与度。通过引流短视频的宣传，能够吸引更多观众进入直播间，提高直播间的曝光度和参与人数。

∅ 资源链接：短视频拍摄

第六节　直播准备及执行

一、直播前的准备

为保证直播顺利进行，需要注意以下步骤。

1. 直播排期确定

首先，确定直播的具体日期和时间，以便提前做好准备和宣传工作。

2. 直播脚本

脚本对于直播间的成功至关重要，是整个直播过程中的关键一步。在制作脚本时，需要特别关注以下几个要点。

（1）强调品牌"背书"：在直播脚本中，必须充分展现iPhone品牌的优势和特色。通过有力的品牌"背书"，向观众传达iPhone的独特价值和信誉，从而增强他们对产品的认知和信心。

（2）突显免税产品和新品限量发售：直播脚本应重点介绍免税购买的优势，以及即将推出或限量发售的新品。这些是吸引观众的重要利益点，能够激发他们的购买欲望。

3. 产品功能演示桥段

除了利益点的讲解，脚本中还应穿插产品功能的演示桥段。通过生动展示iPhone各项特点和功能，让观众亲身感受产品的优秀之处，从而加深他们对产品的认知和兴趣。

在制作脚本时，还需特别注意时间点和画面切换的配合。由于直播过程中需要多次切换镜头，将注意力引导到不同的画面上，因此时间点的把控至关重要。脚本中的主播语言应简洁明了，清晰表达要点，与画面的切换相协调，避免出现冲突或混乱，以提供观众良好的观看体验。

4. 直播设备准备

在直播前，务必确保所有直播设备正常运作。这包括摄像机、麦克风、照明等设备的仔细检查和设置，以确保直播画面和音频的清晰度和质量。

5. 宣传和预热

在直播前，进行适当的宣传和预热工作至关重要。可以通过社交媒体、邮件通知、推送消息等方式，提前告知观众直播的时间和内容，以增加观众的关注度和参与度。

6. 直播执行

直播开始时，按照事先制定的脚本和时间安排进行直播。主持人要清晰地讲解品牌背书和利益点，并巧妙地穿插产品功能演示，以吸引观众的注意力和兴趣。

通过以上准备和执行步骤，可以确保iPhone直播间的直播顺利进行。脚本的制作，要重点关注品牌背书和利益点，并与产品功能演示相结合。同时，主持人要与画面切换和时间点协调一致，提供观众一个流畅、有趣和有益的直播体验。

📎 资源链接：直播脚本

二、直播前设备调试

在按照脚本执行直播前，还需要各岗位的协调合作。特别是在多机位画面切换的情况下，现场各岗位需要高度配合，这使得开播前的一系列准备工作变得尤为重要。

其中，设备调试是准备工作的重要环节之一。在开播前，需要对所有直播设备进行调试，确保它们的正常运作。这包括摄像机、麦克风、音频设备、照明等设备的检查和设置。通过仔细调试和测试，可以确保设备的稳定性和功能的正常运行。

在设备调试过程中，需要检查摄像机的清晰度、焦距，以确保良好的画面质量。同时，麦克风的灵敏度和音质也需要进行调试，以确保清晰的声音传输。此外，照明设备的亮度、色温和角度也需要进行调整，以提供适合的直播环境及舒适照明效果。

在设备调试的过程中，团队成员需要密切合作，互相配合和沟通，以确保每个设备都达到最佳状态。必要时，还可以进行模拟直播，检查设备在实际操作中的表现，并及时解决可能出现的问题。

通过认真而细致的设备调试工作，我们可以确保在直播开始时设备的稳定性和功能的正常运行。这将为直播提供一个良好的基础，使得各岗位成员能够更好地发挥自己的职责，保证直播的顺利进行。因此，设备调试是开播前不可或缺的准备工作，它为直播的成功提供了重要的保障，如图10-7所示。

图10-7　直播前设备调试

三、直播前软件调试

在进行直播前，软件调试是最重要的一步，它是确保直播平台和相关软件的正常运行，以提供流畅、稳定的直播体验，如图10-8所示。

图10-8　直播前软件调试

四、彩排预演

在进行直播前，彩排预演，它能够帮助团队成员熟悉直播流程、协调配合，以确保直播的顺利进行。

彩排预演的目的是模拟真实的直播环境，让团队成员在实际操作中熟悉各项任务和责任。在彩排预演中，可以进行以下几个方面的工作。

检查设备和技术：彩排预演时，团队成员可以检查直播设备的正常运作，包括摄像机、麦克风、照明等。同时，也可以测试直播软件和平台的功能和稳定性，确保其正常运行。

配合画面和声音：彩排预演时，团队成员可以根据脚本和时间安排，配合画面的切换和声音的调整。这有助于熟悉直播过程中的镜头切换、画面转场和音频调节，确保顺畅的流程和良好的观看体验。

主持人讲解和表达：彩排预演是主持人熟悉脚本、掌握讲解技巧的机会。主持人可以熟悉脚本内容，提前练习口头表达和流利的语速，以确保在直播中能够清晰、准确地传达信息，吸引观众的注意力。

时间控制和节奏感：在彩排预演中，团队成员可以根据时间安排和脚本内容，控制直播的时间和节奏感。这有助于确保直播不会过长或过短，并保持观众的兴趣和参与度。

通过彩排预演，团队成员能够更好地熟悉直播过程、协调配合，发现和解决可能出现的问题，确保直播的顺利进行。这个环节可以提前发现和纠正潜在的技术或流程上的问题，提高团队的整体配合能力和直播的质量。因此，彩排预演是直播前必不可少的环节，它能够为直播的成功打下坚实的基础，如图10-9所示。

第七节　复盘

复盘需要尽量详细，复盘是对整体直播的回顾与总结，除了日常复盘以外，月度复盘是直播每月的重大事项，需要对流量、商品、促销利益点等全方位的复盘。下面我们以快手平台苹果品牌直播为例。

一、快手——苹果品牌项目复盘总结（表10-3）

表10-3　　　　　　　　　　项目复盘

图10-9　直播前彩排预演

项目概括	存在问题	导致现象	优化建议
（1）本月完成开播场次共11场；本月待开播时间场次：11月30日；完成开播时长约30小时，完成GMV969459元，完成短视频发布20条。（2）未完成短视频播放量600条的目标，未完成增粉5000位的目标。（3）粉丝画像逐步垂直：年龄阶段以18～40岁人群为主	短视频形式单一、货盘数量不足、商品品类单一	粉丝增长不达标、播放量不稳定、GMV未达到计划700W总额	增加新的短视频形式，调整短视频发布频次

二、账号直播概括

1. 直播动态

直播动态是指直播过程中产生的实时信息和事件。它可以包括主播的互动内容、观众的评论和礼物赠送、直播间的活动和促销信息、增粉量等，如图10-10、表10-4所示。

（1）直播时段：15：00～18：00，开播场次：11场。

（2）直播时长：3小时/场，累计时长：31小时。

（3）粉丝数量：4421人，直播新增粉丝数：461人，短视频新增粉丝数：36人。

粉丝分析

核心数据

直播间引导新增粉丝数 ⓘ	短视频引导新增粉丝数 ⓘ	粉丝成交金额 ⓘ	粉丝成交人数占比 ⓘ	粉丝人均成交件数 ⓘ
461	36	¥2,174,673	15.04%	1.21
超过50.00%同行同等级商家	超过50.00%同行同等级商家	超过55.00%同行同等级商家	超过55.00%同行同等级商家	超过60.00%同行同等级商家
较对比日期下降73.47%	较对比日期下降96.08%	较对比日期下降60.37%	较对比日期下降37.5%	较对比日期上涨3.05%

图10-10　粉丝分析

表10-4 　　　　　　　　　　　　账号直播概括分析

存在问题	导致现象	解决办法
1. SKU及库存不稳定：SKU及库存不稳定，可能导致供应链的问题，进而影响到直播销售的顺利进行。 2. 品牌沟通不同步：与品牌方的沟通不同步，可能导致信息传递的延迟或不准确，影响直播的策划和执行。 3. 直播时间待测试：直播时间的选择尚未经过充分测试，对于用户活跃时间段和粉丝活跃段的确定还需要进一步验证。 （1）用户活跃时间段在9∶00~22∶00，粉丝活跃段在21∶00~22∶00 （2）已测试时间： 15∶00~18∶00 18∶00~20∶00 10∶00~15∶00	增粉和拉新的效果没有达到预期，影响了直播间的观众参与度和粉丝积累	1. 若SKU和库存无法确定，可以尝试测试不同时间段的直播效果，并调整直播形式，以技巧教学为主，增加粉丝的黏性，并根据垂直粉丝画像进行定向推广。 2. 若SKU和库存得到支持，可以暂时调整开播时间为10∶00~14∶00，并以产品销售为主要目标，旨在促进商品销售并增加粉丝的增长。 3. 一定要在测试中充分考虑用户活跃时间段和粉丝活跃段，根据测试结果进行合理的调整，确定最佳的直播时间段，以提高观众参与度和粉丝的积累。 通过以上的办法，可以解决SKU和库存不稳定、与品牌沟通不同步，以及直播时间待测试的问题，从而提升直播间的销售效果和粉丝的积累

2. 销售数据分析

本次复盘旨在对比分析10月与11月的销售数据（表10-5、表10-6）。

表10-5 　　　　　　　　　　　　10月销售数据复盘

10月销售数据分析	存在问题	解决办法
10月完成GMV：2720164元，平均销售额约为302240元 1. 2022年10月5日~2022年10月13日，销售额下降，原因为热销商品不断减少； 2. 2022年10月13日~2022年10月20日，销售额总计为定金销售额，原因为iPhone全系列预售，定金100元； 3. 2022年10月20日为销售额最高峰值，原因为iPhone 14及iPhone 14 Plus持有现货补贴活动，优惠力度较大； 4. 2022年10月20日~2022年10月31日，销售额下降，原因为平台补贴活动结束	根据销售额以及直播场观众反应表明，商品货盘以及平台优惠活动是影响直播效果的最直接因素	1. 短视频内容的优化，主要以苹果技巧教学和街头采访为主题，以增加粉丝的黏性，为新产品销售和账号粉丝积累做准备。 2. 解决货品不足和优惠力度不够的问题，确保有充足的货品支持。 3. 提供平台上引人注目的产品，并提供具有竞争力的价格优惠

11月销售数据分析	存在问题	解决办法
11月完成GMV：969459元，平均销售额约为107717元，11月较10月，平均销售额下降64.36%。 1. 11.2~11.9，销售额呈上升趋势，原因为开启了1000定金预售活动； 2. "双十一"当天，调整直播时间为10：00~15：00，与11月9日相比上升趋势较为平缓，原因为有少量的库存及补贴； 3. 11.6~11.18，销售额呈上升趋势，且11月18日为11月最高峰值，原因为SKU增加了iPhone 14 Pro、iPhone 14 Pro Max； 4. 11.18~11.31，呈下滑趋势，原因为货盘只有iPhone 14和iPhone 14 Plus，且活动力度为99折，较快手平台及第三方平台不足以价格优势	11月当月，店铺活动缺乏充分支持，同时受制于平台和行业总体流量分配的不利情况，3C类产品的复购率显著偏低。店铺分值也不甚理想，而商品优惠力度尚显不足	增加短视频引流和粉丝增长，为未来账号孵化奠定基础

资源链接：销售额情况、货品情况

3. 流量分析

直播间流量分析是对直播间的访问量和观众行为进行定量与定性的综合评估，旨在深入洞察与评估直播间的流量来源、观众参与度，以及转化率等关键指标。通过这一分析，能够全面了解观众的参与情况以及其行为趋势，从而精准把握直播间的运营现状。通过对直播间流量的深度分析，不仅能洞察观众的兴趣和需求，更可对直播内容和策略进行优化，以提升观众的参与度与满意度，实现直播运营的长足进步，见表10-7。

资源链接：流量分析

复盘总结	复盘存在问题	解决办法
就直播间而言，其曝光次数及观看次数呈现下降态势，下滑幅度达11%；然而，直播间内商品的曝光次数却实现了5.07%的增长；同时，直播间内商品的访问次数也迎来了惊人的161.10%增长；与同业相对照，当前状态呈现令人欣慰的上升势头，其增长百分比稳定在11%~22%	1. 主题关键词未能引发人们的兴趣。 2. 本月销售量相较去年同期有所减少，且当前流量以搜索进入流量为主，因此出现了下降的趋势，因此需要采取措施吸引新的顾客。 3. 商品链接频繁地进行上下架调整	1. 对关键词进行进一步加强，包括"14""iPhone 14"等相关词汇。 2. 在发布短视频时，务必开启同城定位功能，关注近期热门话题，以增加关注页和发现页来源的流量比例。 3. 在直播策划中要明确主题，如"宠粉嘉年华"等，以提升每位观众的平均观看时长。 4. 将商品链接固定，参与活动时对现有链接进行调整和修改

4. 用户分析

　　粉丝画像是对所针对的目标观众或粉丝群体的描述与深入剖析，目的在于更深刻地揭示其特质、兴趣及行为模式。通过绘制粉丝画像，有助于直播间更为精准地定位目标受众，从而提供与其需求相契合的内容与服务。这项操作能够促使直播间更具针对性地与目标受众互动，进而提供更贴心的体验，见表10-8。

表10-8　　　　　　　　　　　　　　　　用户分析

性别分布	年龄分布	粉丝全网购买品类偏好	地域分布图
根据二维码显示的数据（章后资源链接中获取），我们得可以深入了解粉丝群体的性别构成。这一数据分析对于产品推广，以及内容的定制等诸多方面，具备着相当重要的指导作用	通过呈现的年龄分布数据，我们可以明晰地把握粉丝群体的年龄构成。这将有助于直播间更为有效地在内容呈现方式和话题策设上，更好地满足不同年龄层观众的需求	通过呈现的数据，我们可以了解粉丝在全网购物品类方面的倾向。这一了解有助于把握他们的消费倾向与购物模式具备重要帮助，同时有助于进一步优化直播间的商品推荐策略与营销手法	通过数据，我们可以了解粉丝在各地区的分布情况。这种地域性特征的认知将协助直播间更为准确地展开地域性的宣传推广与有针对性地定向服务

📎 资源链接：用户分析

　　综合以上所得数据，我们可以塑造出11月直播粉丝的完整画像，深刻洞察目标受众的性别、年龄、购物偏好及地域分布等重要信息。这一综合视角将为直播间运营提供实质性的指引，使其得以更加精准地满足观众的需求，从而实现内容传播与商品推广更为精确高效，见表10-9。

表10-9　　　　　　　　　　　　　　　　粉丝画像分析

当前粉丝画像	存在问题	解决方法
1. 性别分布：男性71.67%，女性28.33%。 2. 年龄分布：31~40岁占比29.15%。 3. 类目偏好：服饰/鞋靴	粉丝在购物品类上的偏好相对较广泛，可能存在一些非正常交易的情况，导致了粉丝画像的精确性不足	1. 精准划定年龄群体：通过有针对性的市场调研和数据分析，明确主要目标受众的年龄范围定位在24~30岁。这样，我们可以更为准确地捕捉受众的需求和兴趣。 2. 创制相关内容：基于目标人群的喜好，精心打造与手机、数码和电脑办公等相联的内容，如产品评析、使用技巧、软件推荐等。借此能够引发受众的兴趣，并提供有实质价值的信息与建议。 3. 多元化短视频内容：通过富有创意和多样性的短视频内容，激发目标人群的兴趣与互动。可以尝试不同的拍摄手法、剪辑技艺以及互动方式，以提升吸引力和分享度。 4. 社交媒体广传：运用社交媒体平台展开广泛传播，通过定向广告与合作推广等手段，将相关内容有针对性地传递至目标人群。这样能够显著增加曝光率和触达率，拓展粉丝基础

5. 商品分析

直播间商品分析是对直播间中销售的商品进行评估和分析，以了解商品的销售情况、消费者偏好和销售趋势。通过对直播间商品的深入分析，可以帮助优化商品选择、定价策略和销售推广，从而提高销售效果和客户满意度，见表10-10。

表10-10　　　　　　　商品分析

资源链接：商品分析

直播间商品曝光次数	商品排名	货品结构
通过二维码所展示的数据（章后资源链接中获取），我们可以清晰地了解到直播间内各商品的曝光频次。这对于评估商品的知名度和受到关注的程度至关重要，同时也有助于确定哪些商品具备进一步推广和销售提升的潜力	通过对商品排名的详细分析，我们能够明晰了解哪些商品引起了更多观众的兴趣与喜好。这对于我们选择优先推广的商品和可能的热卖产品具有相当大的助益	直播间商品的产品结构，可以协助我们深入了解不同类型商品在销售中的占比和销售情况，从而更好地调整商品组合和库存策略，以更精准地满足各类消费者的需求

通过对以上数据的综合分析，可以得出11月直播间商品的综合评估结果。这将有助于改善商品选择与定价策略，并制定更具针对性的销售推广计划。这一系列举措将有效提升直播间的销售业绩，增进客户满意度，实现更出色的经营成绩。同时，对于直播间经营者而言，商品分析则是不断优化与改进经营策略的重要依据，为业务的持续发展提供有力支持，见表10-11。

表10-11　　　　　　　商品情况分析

商品情况	存在问题	解决办法
通过数据分析，我们观察到iPhone 14 Pro Max的销售占比为58%，而iPhone 14 Pro为13%，iPhone 14为20%，最后iPhone 14 Plus的占比为9%。这些数据对于深入了解商品销售状况和消费者的偏好至关重要	1. 在直播间中，共有104种在售商品，然而，我们面临以下问题：商品链接过多，而且同一规格的商品价格存在不一致情况。这种情况可能会导致用户在下单之前进行价格比较，从而对直接成交的转化率产生不利影响	1. 商品规格和价格的一致性：为了确保同一规格的商品价格一致，建议对其进行统一定价，以避免出现价格不一致的情况。这有助于消除用户比价的需求，从而提高直接成交的转化率。 2. 商品分类与筛选：鉴于商品链接繁多，建议对其进行合理分类和筛选，以便用户更便捷地找到他们感兴趣的商品。这项措施将有助于提升用户体验，减少比价的需求。 3. 优化商品推荐：根据用户的兴趣爱好和购买历史，精心为其推荐相关商品。这将提高用户对推荐商品的信任度，增加购买意愿，进而提高直接成交的转化率。 4. 价格竞争分析：建议定期进行价格竞争分析，以深入了解竞争对手的价格策略，并根据市场状况做出相应调整。这有助于保持市场竞争力，吸引更多购买者

商品情况	存在问题	解决办法
通过数据的分析，我们观察到iPhone 14 Pro Max的销售占比为58%，而iPhone 14 Pro为13%，iPhone 14为20%，最后iPhone 14 Plus的占比为9%。这些数据对于深入了解商品销售状况和消费者的偏好至关重要	2. 目前，在直播间中有51款动销商品。销售表现优异的商品包括Apple iPhone 14 Pro Max和Apple iPhone 14 Pro，而销售表现一般的商品为Apple iPhone 14和Apple iPhone 14 Plus	1. Apple iPhone 14：尽管该产品在功能和性能方面表现出色，但在直播间中的销售表现相对平平。为提高销售额，可能需要更深入地了解消费者对该产品的需求和偏好，以采取相应措施。 2. Apple iPhone 14 Plus：该产品在直播间中的销售表现也属于一般水平。或许需要考虑适度调整其市场定位和策略，以吸引更多目标受众
	3. 根据数据分析结果，我们得出以下有关商品成交率和退款比的数据：商品成交率为26.34%，而退款比例约为22.49%。与此同时，我们也观察到了以下问题：发货时间的不一致性，部分用户反馈他们收到的商品发货时间与商品详情页上承诺的48小时发货时间不符。这一情况可能导致用户的不满和疑虑，因此我们需要进一步深入了解具体原因，并采取改进措施，以提供更准确的发货时间承诺，从而提升用户体验的质量	发货时间的优化：我们将加强物流和仓储管理，以提高发货效率，确保商品的发货时间能够与承诺一致。同时，我们将积极与供应商和物流合作伙伴进行有效的沟通和协调，以确保订单能够及时准确地发货

6. 短视频分析

短视频分析是一项针对短视频内容的评估和分析工作，旨在深入了解视频的关键指标，包括观看量、观众互动以及转化率等。通过这一过程，我们能够优化视频内容和策略，从而提高用户的参与度和观看体验水平，见表10-12、表10-13。

通过引流短视频效果分析，可以看到预热短视频已经取得了预期计划的良好效果。与10月相比，我们成功提升了引导用户前往直播间的次数，增长幅度达到20.38%，同时也使引导用户前往直播间内浏览商品的访问次数激增了791.85%。

资源链接：引流短视频效果分析

表10-12　　　快手——苹果品牌项目短视频数据分析

短视频形式	播放量（以样片均值为主）	数据趋势
纯技巧	473	下滑
剧情+技巧	样片数量较少	待测试
纯剧情	样片数量较少	待测试

表10-13　　　　　　　　　　　短视频分析

存在问题	解决办法
1．短视频流量下滑和不稳定趋势：目前，我们进行了发布形式和时间频次的新调整，这导致了短视频流量的下滑和不稳定现象。然而，由于我们仍处于测试阶段，样本数据相对较少，这使得我们难以得出准确的结论。 2．短视频播放量下降情况：目前，我们的短视频播放量出现了下降趋势，对比10月和11月，播放量下降了27.6%。具体数据如下。 播放完整率下降了1.5%。 净增粉丝数量下降了72.2%。 评论数量下降了59.7%。 点赞数量下降了0.62%。 分享数量上升了33.3%。 作品数量上升了20.0%	1．尝试不同的短视频形式：包括内容、风格、长度等方面的调整，以寻找更具吸引力的形式。通过不断地测试和数据观察，确定哪种形式最适合目标受众，从而提高短视频的播放量和观众参与度。 2．调整短视频的发布时段：根据观众的上网习惯和活跃时间，优化短视频的发布时间段。目前的测试时间段为8：00和17：00发布，这可以对不同的目标受众进行测试，以确定最佳的发布时段，提高观众的触达率和关注度。 3．引入视频封面和结尾部分：添加吸引人的视频封面和结尾部分，以引导观众进行点赞、评论和分享等互动行为。通过这些改进，我们能够不断优化短视频的内容和策略，提高用户的参与度和观看体验，从而实现更出色的营销效果和业绩提升

　资源链接：存在问题

7．购物体验分析

直播间购物体验分析是对用户在直播间中的购物体验进行评估和分析，以了解用户的满意度、购买体验和反馈意见，从而优化购物环节和提高用户的购物体验，如图10-11、图10-12、表10-14所示。

购物体验分　　　　　　　　　　　　　　　计算规划　　购物体验分诊断

4.39分

良好

较上次（2022-11-26）上升

想要提升到优秀水平，需要购物体验分提升到4.61分以上，客户服务、商品质量、物流速度、售后体验、内容质量分值≥4.5分

当前物流服务得分从3.48提升至4.61分，可提升购物体验分　　　　　去提分>

当前商品品质得分从4.45提升至4.61分，可提升购物体验分　　　　　去提分>

当前客服服务得分从4.58提升至4.61分，可提升购物体验分　　　　　去提分>

　农村小伙阿伟　问了很多次了，客服都没解决。

回复　@海边的风景最美　可能是目前咨询人数较多哦，可以耐心等待一下。

　农村小伙阿伟　已拍十几天了，一直没发货。

回复　@海边的风景最美　不要着急哦，等待客服给您解决哦。

图10-11　购物体验分析（1）

图10-12　购物体验分析（2）

表10-14	购物体验分析
存在问题	解决措施
实际发货与承诺发货时间不一致：由于实际发货时间与承诺的发货时间不符，导致用户的差评增加，进而降低了店铺的体验分	1．提升及时发货率：优化物流和仓储管理，加强与物流合作伙伴的沟通，以确保订单能够及时发货，减少发货时间差异。 2．现货盘点：定期进行商品库存盘点，确保实际库存量与系统库存量保持一致，避免因库存不准确导致的发货延迟或缺货问题。 3．销售形式调整：对于无法及时出货的商品，可以设置上架时的限制时间段，如4～90天，以确保能够在可控的时间范围内完成发货
品牌消息不同步：代金券、库存，以及限购等信息未能及时沟通给用户，这导致直播过程中出现了直播事故。购物体验的星级评分和总分持续下降，也会影响平台活动报名、扣除保证金及上架限制等问题	与品牌方保持沟通：与品牌方保持及时沟通，确保库存、商品链接等相关信息的同步更新，及时调整直播计划以适应变动情况

　　通过以上的解决措施和解决办法，可以提高及时发货率，保证库存准确性，调整销售形式以适应实际情况，同时与品牌方保持紧密的沟通，从

而改善直播间的购物体验，提高用户满意度，减少负面影响。这些措施将为直播间的运营带来积极的效果，提升品牌形象和用户口碑，进而推动直播间的发展和壮大。

本章总结

通过本章的讲解能了解直播的主要环节：从项目分析到最后的复盘。通过这些环节的分析，可以深入了解苹果直播间的运营和营销策略，为提升直播效果和用户体验提供指导和建议。

课后作业

直播间购物体验分析

假设你是一家直播间的运营者，请提出三个措施或策略，以提高直播间的购物体验和用户满意度。

思考拓展

实时数据分析可以让直播团队对观众的需求有更准确的了解，使得直播过程更加精准和吸引人。在现代社交媒体和直播平台的背景下，数据驱动的运营策略将成为直播行业持续发展的重要趋势，而那些能够善于运用实时数据做出及时决策的主播和直播团队将更有竞争优势。

课程资源链接

课件、资源拓展

参考文献

［1］ 杨浩. 直播电商2.0［M］. 北京：机械出版社，2020.

［2］ 曾庆江. 网络直播艺术导论［M］. 苏州：苏州大学出版社，2021.

［3］ 周建青. 网络直播基础［M］. 北京：北京大学出版社，2022.

［4］ 韩布伟，张国军. 网络直播掘金手册［M］. 北京：人民邮电出版社，2017.

［5］ 秋叶. 抖音思维［M］. 台湾：台海出版社，2022.

［6］ 苏杭（小呆）. 9小时学会做抖音［M］. 北京：电子工业出版社，2021.

［7］ 徐浪. 抖音短视频吸粉、引流、变现全攻略［M］. 北京：民主与建设出版社，2021.

［8］ 张进财. 快手运营实战一本通［M］. 北京：人民邮电出版社，2021.

［9］ 庞金玲. 快手运营实操手记［M］. 北京：机械工业出版社，2021.

［10］ 行动派琦琦，素宣. 爆款直播间［M］. 长沙：湖南文艺出版社，2023.

［11］ 张瀚之，张译升. 直播带货：口才训练+成交技巧+高效沟通［M］. 北京：化学工业出版社，2022.

［12］ 林巧妍. 基于电商网络直播的市场营销路径. 商场现代化［J］. 2023（19）：26-28.

［13］ 赵瑜. "直播+"背景下网络直播发展分析——以东方甄选为例. 现代商业［J］. 2023（17）：22-25.

［14］ Yu Lili，Hu Shenson.Study on Diversification Governance of Internet Live Broadcast Intellectual Property Risks. Journal of Entrepreneurship in Science & Technology. 2023（11）：73-77.

［15］ Lin Huating. Exploring the Application of Online Live Streaming in Empowering the Path of Ideological and Political Education in Universities. Journal of Suihua University. 2023（11）：106-107，110.